国家"十一五"重点图书出版规划项目
当代中国图书馆学研究文库(第四辑)

信息社会中的公共图书馆

Public libraries in the information society

于良芝 著

国家图书馆出版社
National Library of China Publishing House

图书在版编目(CIP)数据

信息社会中的公共图书馆/于良芝著. --北京:国家图书馆出版社,2015.12
(当代中国图书馆学研究文库/吴慰慈,陈源蒸主编. 第4辑)
ISBN 978-7-5013-5675-1

Ⅰ.①信… Ⅱ.①于… Ⅲ.①公共图书馆—图书馆服务—研究 Ⅳ.①G258.2

中国版本图书馆CIP数据核字(2015)第213686号

书 名	信息社会中的公共图书馆	
著 者	于良芝 著	
责任编辑	高 爽 王炳乾	
出 版	国家图书馆出版社(100034 北京市西城区文津街7号) (原书目文献出版社 北京图书馆出版社)	
发 行	010-66114536 66126153 66151313 66175620 66121706(传真),66126156(门市部)	
E-mail	nlcpress@nlc.cn(邮购)	
Website	www.nlcpress.com ——→投稿中心	
经 销	新华书店	
印 装	北京玥实印刷有限公司	
版 次	2015年12月第1版 2015年12月第1次印刷	
开 本	710×1000(毫米) 1/16	
印 张	14.75	
字 数	196千字	
书 号	ISBN 978-7-5013-5675-1	
定 价	70.00元	

《当代中国图书馆学研究文库》编委会

主编: 吴慰慈　陈源蒸

编委: 陈源蒸　中宣部出版局研究馆员
　　　　郭又陵　国家图书馆出版社原社长
　　　　李万健　中国图书馆学报编审
　　　　李致忠　国家图书馆研究馆员,博士生导师
　　　　倪　波　南京大学信息管理学院教授,博士生导师
　　　　彭斐章　武汉大学信息管理学院教授,博士生导师
　　　　谭祥金　中山大学资讯管理学院教授
　　　　吴慰慈　北京大学信息管理系教授,博士生导师
　　　　徐引篪　中国科学院文献情报中心研究员,博士生导师

序

2011年春天,《当代中国图书馆学研究文库》编委会的陈源蒸老师致电正在苏州开会的于良芝(我们当时正一起参加文化部的公共图书馆教材编写会议),希望她把自己的论文编成文集,纳入该文库第4辑。放下电话,良芝对我说,尽管她没有立刻谢绝陈老师,但她基本上可以肯定,自己不会接受邀请。良芝之所以对出版文集缺乏兴趣至少有两个原因:第一,从2000年回国算起,她从事研究和写作的时间比同龄学者短得多,她的绝大部分论文发表于2005年以后,任何一篇都可以在CNKI数据库里轻易查到。出版文集对读者来说,不会产生任何附加值。良芝说她无论如何都不能说服自己去做一件对读者毫无意义的事情。第二,由于写作时间短,她认为自己的论文无论如何也凑不成一部文集。她说凭自己这点积累就匆忙出文集,会贻笑大方的。

这是我听到的有关这部文集的最初消息。一个多月后,良芝发来邮件,问我能否为她的文集《信息社会中的公共图书馆》写一篇序,说是编委会要求的。我猜测,她是遇到了一个比她还执着的编委会。尽管出文集并非良芝所愿,但我还是欣然答应作序。

《信息社会中的公共图书馆》收录了良芝2000年回国以后独立或作为第一作者发表的有关信息分化和公共图书馆的中文论文13篇。虽然良芝始终认为,这部文集不会比原始论文带给读者更大的价值,但细心的读者不难发现,所收论文经过编辑,还是取得了一些"整体大于部分之和"的效果。这个效果主要表现在两个方面:一是突出了良芝的主要研究兴趣,即信息分化问题及公共图书馆问题;二是在一定程度上诠释了她对图书馆学与情报学(Library and Information Science)的理解。良芝在为《图书情报工作》撰写的专家视点中指出,图书馆学与情报学的使命在于解决人类两大信息问题,即信息的有效查询和有效获取。围绕这两大使命,产生了图书馆学与情报学的核心内容:(1)关于信息组织整理的哲学(主要是认识论)、理论和技术;(2)关于信息传递传播的哲学(主要是伦理学)、理论与方法。前者主要解决信息的有效查询,后者主要解决信息的有效获取①。在最近的一篇会议征文中,良芝又把图书馆情报学研究活动分为知识创新研究和实践支持研究。前者致力于推进上述两大研究内容的知识前沿,后者致力于解决信息查询与获取的实际问题。良芝认为,由于图书馆情报学知识体系具有世界性,因此,推进知识前沿的研究具有内在的国际化取向;实际问题的解决则必须考虑社会和文化环境(即国情),因此支持实践的研究具有内在的本土化取向②。对于自己的研究兴趣在图书馆情报学核心内容中的位置,良芝曾明确地把它归于第二领域——信息传递传播(信息有效获取)。这部文集收录的13篇论文显然证实了这一归类。对于其研究兴趣在"知识创新——实践支持"和"国际化——本土化"中的位置,良芝从未做过自我定位,但这13篇论文足以帮助我们完成这一定位:与信息分化相关的论文基本属于知识创新性质和国际化取向,而与公共图书馆相关的论文大部分属于实践支持性质和本土化取向。

在完成对良芝研究兴趣的归类和定位后,我们不难发现,她的研究兴趣之间并非毫无关联:她从事的知识创新研究为实践支持

---

① 于良芝.图书馆与情报学的使命与视域.图书情报工作,2009(9):5-10

② 于良芝.图书馆情报学研究的知识创新与实践参与——兼论我国图书馆情报学研究的国际化与本土化.第六次全国图书馆学基础理论研讨会征文

研究提供了明显的观照。那些认为良芝的公共图书馆研究颇有"味道"的读者,或许在读完这部文集之后,就能知道这"味道"的来源了。果真如此,良芝也不必为做了"一件对读者毫无意义的事情"而不安了。

李超平

浙江大学信息资源管理系

目 录

理解信息资源的贫富分化:国外"信息分化"与"数字鸿沟"
　　研究综述 …………………………………………………（1）
结构与主体能动性:信息不平等研究的理论分野及
　　整体性研究的必要 ………………………………………（29）
整体性社会理论及其对信息不平等研究的适用性
　　——以布迪厄的社会理论为例 …………………………（57）
从信息政治经济学视角看公共图书馆发展的社会环境 ……（73）
探索公共图书馆的使命:英美历程借鉴 ……………………（84）
公共图书馆存在的理由:来自图书馆使命的注解 …………（101）
公共图书馆的使命与服务:基于内容分析法的国内外
　　比较研究 …………………………………………………（122）
培养阅读兴趣与支持正规教育 ………………………………（140）
公共图书馆服务的意义建构与认识盲点
　　——对公共图书馆评估总结材料的话语分析 …………（143）
走进普遍均等服务时代:近年来我国公共图书馆
　　服务体系构建研究 ………………………………………（161）
建立覆盖全社会的公共图书馆服务体系 ……………………（184）
公共图书馆总分馆建设的法律保障:法定建设主体及相关问题
　　……………………………………………………………（189）
我国基层图书馆的专业化改造
　　——从全覆盖到可持续的战略转向 ……………………（208）

主要著作目录 …………………………………………………（220）

理解信息资源的贫富分化：国外"信息分化"与"数字鸿沟"研究综述

二十世纪六七十年代，随着信息成为重要的经济资源，信息资源的分化问题也开始作为重大的政治和社会问题[1]，受到广泛关注。最初的研究主要来自图书馆与情报学、大众传播等领域，研究焦点为社会成员在信息获取和利用能力方面的差距（"信息分化"）。1975 年的一份文献调研显示，截至 20 世纪 70 年代中期，已有 700 多篇文献专门关注信息分化和贫困问题[2]。20 世纪 90 年代中期以后，由于互联网成为信息贫富的主要分水岭，互联网享用机会差距（即"数字鸿沟"）也随之成为信息资源分化问题的新焦点。截至 20 世纪末，有关数字鸿沟的讨论已经在学术界、大众媒体和世界政治经济论坛产生了数以万计的文献[3]，其研究者横跨经济学、社会学、政治学、教育学、信息与通信技术、图书馆与情报学和大众传播等广阔领域。

本文旨在总结 20 世纪 90 年代以来的英文学术文献对上述两个焦点的研究进展，展现这两个领域的内容和话语特点以及它们在未来研究中相互继承的必要性，为我国正在进行的相关讨论和政策制定提供启迪。本研究确认的相关文献主要是根据 ISI 和 OCLC 的文摘型数据库检索的研究型论文（research papers）、主要观点型论文（opinion papers）以及被学术刊物评论的相关图书和研究报告。

1 理解信息分化与信息贫困

1.1 定义信息分化与信息贫困

在学术文献、大众传媒及政府出版物中,用来描述"信息分化"与"信息贫困"现象的术语有很多,前者如"信息分化"(information gap 或 information divide 或 information disparity)、"信息不平等"(information inequality 或 information inequity)、"信息穷人与信息富人的差距"(information rich vs. information poor 或 information haves vs. information have-nots)、知识差距(knowledge gap);后者如"信息贫困"(information poverty)、知识贫困(Knowledge poverty)、"信息穷人"(information poor)、"无信息者"(information have-nots)。

对于以上术语,早期研究主要采用归类式定义,即将社会中的贫弱人群,如低收入者、老人、少数民族、单亲父母、残疾人等归为"信息穷人";将这些人群与主流社会的信息差距笼统地称为"信息分化"[4]。20世纪90年代以来的不少文献开始赋予"信息分化"和"信息贫困"更精确的释义。例如,美国学者 Sweetland[5] 将"信息贫困"定义为以下形式的信息匮乏:缺少信息获取(lack of information access)、信息超载(overload)、信息偏见(self-imposed poverty);荷兰学者 Van Dijk 将"信息分化"定义为社会成员在信息占有和使用方面的差距,其中的"占有"和"使用"差距均指连续区间上的程度区分,而不是"有""无"构成的两极区分[6-7];南非学者 Britz 提出,"信息分化"除了表现为信息量和信息设施的差距,还表现为以下能力差距:信息检索能力、信息意义汲取能力、信息价值评估能力[8-9]。

除了多角度、多层次地理解"信息分化"与"信息贫困"概念,20世纪90年代以后的研究还特别注意"信息分化""信息贫困"与其他相关概念的区分。这些区分强调:第一,经济上的富有/贫困与信息的富有/贫困不能完全等同,信息富有者不仅需要具备获取信息资源的经济实力,还必须具备信息检索能力、信息价值评估能力以及信息意义汲取能力等智力资本[10],在很多情况下,他们还需具备接近权力中心的政治资本[11-12];第二,信息富有及贫困与信息拥有量的多寡不能等同,过多的信息(信息超载)也会干扰人们对重要信息的关注,降低人们的信息处理能力,导致有用信息的匮乏[13-14];第三,由于存在不同种类的信息,特定人群可能会同时在一类信息上匮乏而在另一类信息上富有,例如,发展中国家虽然缺乏技术信息,却富有文化信息和自然信息,忽略他们在后者上的富有如同忽视他们在前者上的匮乏一样,都会阻碍他们对信息的有效利用[15-16]。

1.2 解读信息分化与贫困的性质

20世纪70年代以后,对信息分化和贫困现象的解读逐渐形成了三种不同的视角:信息政治经济学视角、社会学视角和认知学视角。20世纪90年代以后的相关研究大都沿用这三种视角。

信息政治经济学(political economy of information)是一种运用政治经济学概念和方法分析信息生产、交换、使用过程中的社会关系的视角,它展现的是受已有社会关系决定的等级化信息世界。在这里,社会结构中的强势集团不仅拥有获取信息资源的能力,更重要的是,他们控制着大部分信息生产和交换过程、操纵着国家甚至全球信息政策的制定,能够根据自身利益决定信息资源的分配模式。因此,在信息政治经济学视角中,信息分化实质上是阶级分化、南北分化的组成部分。20世纪90年代以来,美国学者Herbert Schiller、Dan Schiller、Birdsall,英国学者Golding、Murdock、Haywood和Webster就是从这一视角解读国家之间和社会阶层之间的信息不平等现象的[17-25]。

社会学视角是一种聚焦族群文化对信息行为的影响的视角,它展现的是打着族群文化烙印的"小型信息世界"(small worlds)。在这里,具有不同文化习惯和价值观的人以不同方式、从不同渠道获取信息,又以不同方式评价和利用信息。因此,在社会学视角看来,尽管阶级结构对信息资源分布的影响毋庸置疑,但信息分化主要是族群文化差异的组成部分。20世纪90年代以来,Chatman及其同事对贫弱人群信息行为的研究、Hersberger对无家可归者信息需求的研究、Sligo对新西兰移民卫生信息需求的研究、Spink及同事对黑人社区信息行为的研究等,都是从这一角度解读信息分化现象的[26-30]。

认知学视角是一种聚焦个体在信息处理中的认知特点的视角,它展示的是与个体的认知能力密切相关的信息行为世界。在这里,当信息传播增加的时候,人口中处于较高社会经济地位的人比较低地位的人能更快地吸收信息[31];在接受同样信息的时候,教育水平高的人比教育水平低的人能记住并反馈更多的信息[32]。因此,在认知学视角中,信息分化主要表现为信息吸收能力的差距。20世纪90年代以来,Agada、Gaziano、Grabe等人对知识差距和信息分化的考察就是这类研究的代表[33-35]。

1.3 剖析信息分化与贫困的原因

与上述三种解读视角相适应,现有研究对信息分化与贫困原因的剖析也在三个不同层面上展开:宏观层面、中观层面及微观层面。宏观层面的考察主要是通过信息政治经济学视角实施的。这种视角关注社会的结构因素、经济制度、政治权势、集团利益等因素对信息分化与贫困的影响,认为在信息成为重要资源的背景下,已有的南北差距和阶级差距、私营部门对信息资源的控制以及按市场规则构建的信息交换机制,是导致信息分化与贫困的根源。例如,Herbert Schiller[36]和Dan Schiller[37]通过对美国社会信息分化现象的研究发现,二战以来,美国私营部门在信息领域的扩张、跨国媒体公司对信息传播渠道的垄断、保守政治力量向私营部门的利益倾斜、保守的学术机构为私营部门提供的理论与舆论支持等,都是导致和加剧美国社会信息不平等的原因。这些因素作用的结果是,一方面,根据私营部门利益制定的游戏规则日益统治信息市场;另一方面,越来越多的信息需要通过市场渠道才能获得,令贫弱阶层望尘莫及。Golding、Murdock 和 Webster 等对英国社会信息分化现象的剖析揭示了相似的政治经济原因[38-40]。

信息政治经济学研究还表明,政治经济力量的不平衡是造成国家之间信息分化的原因。Haywood、Feather、Meadows、Arunachalam、Persaud、Gettelman 在考察全球科研信息保障能力时指出,发达国家不仅是科研信息的主要生产国,他们也是对信息进行增值性处理的主要加工国(如对原始文献进行加工生成全文或二次文献数据库,或对原始的统计资料进行加工生成便于查询的事实性数据库),发展中国家若要获取这些信息,就必须利用他们稀有的外汇资源、通过全球信息市场、按照昂贵的信息商品价格、履行严格的知识产权协议,从发达国家购买[41-46]。Haywood 进一步指出,在其他国际交往中,发达国家的政治经济优势也经常转化成信息优势,例如,他们在向发展中国家提供经济援助的时候,几乎总是附带诸如开放申信市场、引入竞争机制、强化知识产权保护、减少公共开支等条件,而这些条件又几乎总是进一步削弱发展中国家的信息生产和利用能力[47]。

对信息分化与贫困原因的中观考察主要是通过社会学视角实施的。这一视角把特定的社区和人群看作相对独立的"小世界",这些"小世界"具有独特的文化特征和社会规范,甚至具有独特的语言和风俗习惯,这些特征影响着社区成员对信息需求的感知、对信息渠道的选择以及对信息价值的判断,从而决定着他们在信息分化中的位置。文化差异还导致弱势人群的"小世界"与外部世界之间经常存在信息交流"屏障":小世界内的人很少自觉地从外部世界寻求信息,而外部世界的信息,由于它们从内容到形式都打着主流文化的烙印,也很难真正注入小世界的生活。即使主流信息以某种方式强行注入(如通过社会救济机构或社会工作者),也经常被视为无用信息,形成信息超载。这种"屏障"的存在是导致弱势"小世界"信息贫困的主要原因。

导致信息分化与贫困的社会文化原因在 Chatman、Spink、Hersberger、Jeager and Thompson 的研究中表现得最为显著[48-51]。Chatman

的"小世界"由单身母亲、老人、失业者和其他依赖社会救济的人群构成,她发现,"小世界"与外部世界的信息交流基本符合"局内人"与"局外人"之间的信息交流特征:规避风险、对个人信息保密、传递虚假信息(实施欺骗)、依据情景相关性(situational relevance)判断信息价值。Spink 考察的"小世界"是美国德克萨斯州的一个黑人社区,她发现,社区成员的信息渠道主要是家庭成员和邻居;除卫生保健及工作信息外,他们很少从外界获取信息。Hersberger 的"小世界"是一组蛰居临时住所的无家可归者。与 Chatman 和 Spink 的"小世界"不同的是,这里的居民通常具有明确的信息需求(如工作信息和长久住所信息),而且经常收到临时住所管理人员、社会工作者和其他服务机构提供的信息,他们并不感到信息量的匮乏,但有时感到信息超载。

对信息分化与贫困原因的微观考察主要是通过认知学视角实施的。与前两种视角相比,认知学视角更加关注个人在信息处理中的认知差异。相关研究[52-55]显示,个人兴趣、交流技能、对媒介的好恶、参与社区事务的程度、人际交往等都是影响信息分化的因素。信息贫困人群的特征在于他们缺少信息意识,缺乏获取信息的动机和提取相关信息的能力。

以上三种研究互为补充,共同揭示了一个被重重障碍包围的信息贫困世界。信息资源向信息贫困世界的流动受到政治经济因素、社会文化因素及个人因素的层层阻碍,致使信息贫困世界获得的有用信息远远少于外部世界的信息,并由此形成社会的信息分化,如图 1 所示:

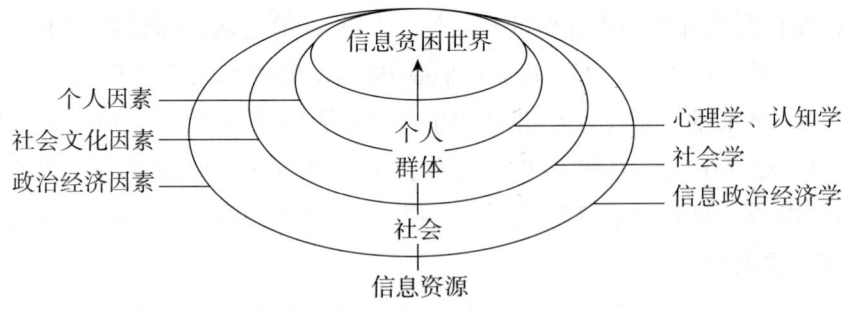

图 1 信息贫困及其研究视角

1.4 消除信息分化与贫困的政策性建议

理解信息分化与贫困的最终目标是消除信息贫困,实现信息平等。为此,相关研究都十分关注其结果的政策启示。几乎所有的研究都认为,消除信息贫困与分化的根本途径,不在于简单地增加信息资源或改善信息基础设施,而在于解决导致信息贫困与分化的深层原因。在信息政治经济学视角看来,这意味着废除导致社会不平等的制度因素,停止将信息纳入市场经济体系,恢复知识的公共品性质,增加对教育事业和公共信息机构(如图书馆)的投入,鼓励学术文献的开放存取,保护发展中国家的传统知识与文化遗产等[56-58]。在社会学视角看来,解决信息贫困与分化问题的关键是改造面向贫弱群体的信息渠道和基于中产阶级文化的信息包装(如新闻报道),在弱势社区和主流社会之间设置合适的信息中介,鼓励社区成员外出学习和回归社区等[59-60]。在认知学视角看来,解决信息贫困与分化的关键是提高全民信息素养,增强社会成员检索、吸收和利用信息的能力[61]。

2 理解数字鸿沟

2.1 定义数字鸿沟

根据相关文献[62]的追踪,"数字鸿沟"一词是由美国 Markle 基金会总裁 Lloyd Morrisett 于 20 世纪 90 年代中期提出的。Morrisett 使用这一术语来表达人们在信息与通信技术(Information and Communication Technologies,以下简称 ICT)享用机会上的差距。由于 ICT 的核心是互联网技术,一些文献也直接用"数字鸿沟"表达互联网享用机会差距:在鸿沟的一边是在家里或工作中有互联网可用的社会成员,而在另一边是无互联网可用的社会成员。近年来,随着网络用户的迅速增加,如此理解的"数字鸿沟"内涵似乎已不足以揭示这个概念欲以反映的社会分化现实,它需要更科学、严谨的定义。

很多学者[63-71]强调应该从 ICT 的"享用机会"和"有效利用"两个方面界定数字鸿沟,但无论是享用机会差距还是有效利用差距,都不仅仅是单一因素(如网线)的"有无"区分,而是多个因素的程度区分,例如,"享用机会"的区分包括是否联网及网络连接方式、硬软件性能、可享用信息的质和量等的差距[72-73];"有效利用"的区分包括信息技能(skills——利用互联网快速有效地找到相关信息的能力)、信息素养(literacy——评价信息和吸收信息的能力)、数字心智(mental access——利用数字化设备的经验或对 ICT 感到自如的程度)、利用方式和范围(如收发邮件、获取信息、游戏娱乐)等方面的差距[74-78]。

除了赋予"数字鸿沟"更丰富的内涵,近年的研究还试图对"数字鸿沟"进行确切的量化定义。Corrocher、Ordanini 提出的量化定义就是这种研究的代表。Corrocher 和 Ordanini 首先在吸收美国商务部、OECD 等机构所采用的统计指标以及社会信息化指标的基础上,确定了测度社会数字化程度的基础指标(elementary indicators),然后通过因子分析对这些指标进行了归类,得出了测度数字化程度的六类因子,又通过加权法将六类因子归纳为一个综合指数。该指数在不同国家的分布情况就反映了这些国家的数字鸿沟[79]。

数字鸿沟可能存在于各类人群之间。Norris 归纳出三种主要的数字鸿沟:①全球性鸿沟,即发达国家和发展中国家之间的差距;②社会鸿沟,即一个国家内部不同人群(如阶层或地区)之间的差距;③民主鸿沟,即不同政治力量对虚拟信息空间的非均衡占有[80]。

2.2 解读数字鸿沟的性质

在当代社会,数字鸿沟究竟代表了什么性质的人际不平等?对这个问题的回答关系到其他一系列问题的答案:它是否需要消除或弥合?社会应该为其弥合付出多少资源和努力?这种资源来自哪里——政府、企业还是先期消费的公众?由于这些问题涉及不同集团的利益,因而,对数字鸿沟性质的解读不可避免地渗透着政治立场的分歧。已有文献主要存在四种不同解读,分别体现着四种不同程度的右派或左派政治主张。

第一种观点(本文称之为数字鸿沟问题上的极右观点)认为,人们对ICT的享用确实存在一定差距,但是,生活中有很多这样的差距,如卫生差距、工作条件差距、衣食住行差距等;任何新技术都不可能同时被所有人采用,都需要经历"有者"和"无者"并存的时刻。这是自然形成的社会现实,并不具有特别的伦理、政治和经济意义。这种观点还认为,差距的消失也将是一个自然过程,因为在正常的市场条件下,ICT企业必然在利润驱使下,不断寻求降低成本和扩大市场的途径,从而降低ICT价格,使越来越多的人成为ICT拥有者,这个过程事实上就是技术的早期采用者资助后来采用者的过程[81-84]。

第二种观点(本文称之为数字鸿沟问题上的右派观点)认为,数字鸿沟是当代社会的客观现实。它的存在已经成为世界各国,特别是发展中国家严峻的发展问题。在这种观点看来,数字鸿沟锁住了相当规模的市场,限制了基础设施提供商、互联网服务商、内容提供商、电子商务等商业领域的扩展。因而,消除数字鸿沟就是解放这些市场,解放生产力,就可以创造发展机遇,缩小国家或地区间的发展差距。这种观点还认为,近年来,虽然发达国家的某些数字鸿沟(如男女之间)正在缩小甚至消失,但不同经济地位的差距、城乡差距以及全球差距却在拉大;一旦我们把测度指标从简单的"有""无"延伸到其他指标(如宽带网的使用率、人均ISP数量等),这种趋势就更加明显。由于"数字鸿沟"具有加剧的趋势,因而它不可能在市场作用下自然消失[85-90]。

第三种观点(本文称之为数字鸿沟问题上的左派观点)同样认为数字鸿沟是当代社会的客观现实,但它反对把数字鸿沟单纯解读为经济发展问题,认为它主要是一个政治问题,是利益集团"为了获得对信息资源的控制以及与此相伴的社会权势而进行的斗争的一部分"[91];数字鸿沟的根本后果不在于它锁住了一部分市场,而在于它限制了一部分人的教育机会、就业机会、民主参与机会,即限制了一部分人的基本权利,强化着社会不公。这种观点还反对把数字鸿沟狭隘地理解为技术差距,认为这种理解必然同时把政府干预解释为技术补贴,而单纯的技术补贴总是给技术提供商带来最大利益,因而,将数字鸿沟定义为技术差距是基于商业利益的话语选择[92-100]。

第四种观点(本文称之为数字鸿沟讨论中的极左观点)也认为,ICT享用机会的差距体现着社会不公,但它反对把"数字鸿沟"当成具有战略意义的政治问题或发展问题加以关注,它甚至否认数字鸿沟是具有独立意义的社会不公问题(The inequality that does exist is social, not digital)[101]。在这种观点看来,把"数字鸿沟"作为全球性战略问题加以关注可能导致若干发展误区。首先,它可能转移人们对更根本的社会不公的关注,导致资源和努力的浪费。其次,它可能削弱人们对更紧迫问题(如疾病问题、贫困问题、环境问题、政治动荡等)的关注,加剧落后地区人民的困苦;再次,由于消除数字鸿沟的努力往往意味着引进西方技术,所以这种努力所要解决的,并非发展中国家的发展问题,而是发达国家的市场扩张问题,其结果可能加剧发展中国家对西方的依赖[102-104]。

2.3 剖析数字鸿沟的状况和关联因素

20世纪90年代中期以来,为了剖析数字鸿沟的状况和关联因素以支持相关政策的制定,很多政府机构(如美国 NTIA)、国际组织(如 OECD)和研究团体开始系统收集有关 ICT 享用机会和利用程度的经验数据。在这些数据的基础上不仅产生了众多直观考察数字鸿沟状况的研究报告,也产生了大量实证地考察 ICT 享用机会/利用程度变量与其他变量之间关系的研究成果。

几乎所有的研究都显示,当前在发达国家和发展中国家之间以及社会各阶层、城乡、种族、年龄段、性别等不同人群之间存在显著的 ICT 享用机会差距,所不同的是,有些学者[105-106]认为,这一差距的实际状况被低估了,有些[107]则认为它被夸大了;有些研究认为数字鸿沟的整体趋势在拉大,有些[108]则认为它在缩小。导致研究结论分歧的主要原因似乎在于研究者经常采用不同的观测变量或对相同的观测变量采用不同的定义。例如，在揭示国家之间的数字鸿沟时，有些研究只比较上网人口比例，而有些研究则同时比较人均 ISP 数量、宽带网覆盖率等其他指标；在揭示国家内部的数字鸿沟时，有些研究考察家庭联网状况，而有些则考察在线人口比例（在线人口包括在家庭、工作或公共场所上网的所有人数）。

表 1 和表 2 分别显示了相关文献对全球数字鸿沟和国家内部数字鸿沟的考察结果。由于各项研究采用的观测变量、分析角度、政治立场不同，很难从如此众多的研究中归纳出结论性的变量关系。如表 1 所示，在可能影响全球数字鸿沟的因素中，经济发展水平、教育水平、信息基础设施、市场因素（价格和竞争）是出现率较高的因素，但其他因素，如文化因素、国际主干网的补偿机制等，也是值得关注的因素。如表 2 所示，在可能影响国家内部数字鸿沟的因素中，收入水平、受教育程度、年龄、种族是出现率较高的因素，但家庭结构、社会参与意识、社区文化及个人兴趣等也可能影响 ICT 享用机会。近年来，一些研究[109]注意到，随着互联网的发展，男女之间的数字鸿沟正在消失，性别影响不再显著。

表 1　全球性数字鸿沟的关联因素

影响因素	ISI 和 OCLC 数据库收录的相关文献数量	研究案例
经济发展水平	7[110-115]	Norris 根据 179 个国家的相关数据，通过回归分析考察了上网人口比例与人均 GDP 之间的相关关系，结果显示，这两个变量的相关系数为 0.77
教育水平	3[116-117]	Quibria 根据亚洲国家的相关数据，考察了教育水平与计算机、网络、有线电话和移动电话使用率的关系，结果显示，计算机和互联网使用率与教育水平显著相关
信息基础设施	4[118-120]	Norris 发现，在大众传媒、电话、计算机、移动通信等信息设施较发达的国家，互联网渗透率也较高

续表

影响因素	ISI 和 OCLC 数据库收录的相关文献数量	研究案例
文化因素	4[121-123]	Berman 和 Tettey 注意到,产生于西方的 ICT 与其原产国的文化之间具有天然的亲和性,西方文化中注重专业技术、效率效益、精确实证等特征是 ICT 发展的文化条件,但这些条件在很多发展中国家是缺乏的
国家信息政策	4[124-126]	Norris 认为,爱沙尼亚政府扶持公共机构的 ICT 政策、马来西亚政府对通信及电子产业的优惠政策,分别提升了这两个国家的 ICT 使用率
价格因素	3[127-129]	Tiene 发现,ICT 使用率与价格反向相关
市场结构（是否存在竞争等）	4[130-132]	De Boer 发现,电信国有化和电信市场的垄断阻碍 ICT 传播,但他同时指出,电信国有化是很多发展中国家迫不得已的选择,因为这些国家一旦开放电信市场,它就几乎不可避免地落入西方电信公司的掌控之中
城市化程度	1[133]	Hao 和 Chow 根据亚洲国家的数据进行的分析显示,互联网使用率与国家的经济水平、信息基础设施、城市化程度及政府稳定性显著相关
官方语言	1[134]	Roycroft 和 Anantho 发现,英语是否作为官方语言是决定非洲国家互联网使用率的最关键因素之一
国际互联的补偿机制	1[135]	Roseman 指出,目前发展中国家向国际主干网支付使用费的机制导致发展中国家互联网价格居高不下,限制了互联网的使用
收入水平/社会经济地位	17[136-142]	Rice 和 Katz 在美国进行的全国电话抽样调查显示,被调查者是否使用互联网和移动电话与他们的收入水平显著相关
教育程度	10[143-146]	Bonfadelli 发现,受过高等教育、相对富有的年轻男性构成了瑞士互联网用户的主体,他们比其他用户更倾向于利用互联网获取非娱乐信息;Mills 和 Whitacre 对 2001 年美国人口普查数据进行的分析显示,教育水平和收入水平可以解释大城市与其他地区之间 63% 的互联网使用差距

表2 国家内部数字鸿沟的关联因素

影响因素	ISI 和 OCLC 数据库收录的相关文献数量*	研究案例
家庭结构	1[147]	Bucy 在美国两个州的抽样调查显示,家庭互联网使用率随家庭成员人数的增长而增长;单亲家庭互联网使用率大大低于双亲家庭
年龄	9[148-150]	Loges 和 Jung 发现,年龄不仅影响互联网使用率,而且影响上网动机
种族	9[151-154]	Wilson 等发现,在保持收入与教育变量不变的情况下,性别之间与城乡之间的数字鸿沟不再显著,但黑人与其他人群之间的差距依然存在
区域/城乡	7[155-159]	Hwang 发现,在韩国,首尔、其他城市、农村省份代表了三个层次的互联网享用机会
文化	2[160]	Borgida 等对美国明尼苏达州两个社区的考察显示,在注重社会资本、强调集体参与和公共财富的社区,社区成员之间的 ICT 差距明显小于注重市场作用、强调竞争的社区
社会参与意识	3[161-162]	Norris 发现,注重政治表达和社会参与的人比其他人更可能使用 ICT
兴趣	5[163-164]	Crump 注意到,即使社会地位相同或相似的人群,也存在显著的数字鸿沟;而在所谓的"数字落伍者"中,有相当一部分是因缺乏兴趣自愿选择不联网的

* 这里统计的主要是收录在 ISI 的 SSCI 和 OCLC 的 ECO 及 ArticleFirst 数据库中的相关文献。此外,美国商务部的系列调研报告"Falling through the Net"(1995,1995,1998,1999,2000)、OECD 的报告"Understanding the Digital Divide"(2001)以及其他同类报告也都显示了 ICT 享用机会与收入水平等变量的关联。

2.4 消除数字鸿沟的政策建议

在解读数字鸿沟性质和确认相关因素的基础上,很多研究[165-175]都向政府提出了弥合数字鸿沟的政策建议。这些建议涉及信息基础设施的建设、技术方案的选择、信息素质培训、制度及文化改革、外资利用、市场开放、版权制度、国际合作、公私合作、民间组织的作用等广泛方面。

正如对"数字鸿沟"性质存在不同的解读,在不同政治立场影响下产生的政策性建议也存在很大分歧。数字鸿沟问题上的极右派[176-178]认为,市场会自然消除人们在 ICT 享用机会上的差距,政府干预是没有意义的。在他们看来,由于信息技术发展迅速,政府根据现存差距制定的干预措施到了实施的时候,总是已经滞后,难以产生预期效果;此外,政府干预意味着将一部分人(如穷人和农村人)使用 ICT 的成本转嫁到另外一部分人身上,这本身也是一种不公正。因此,极右派在国内主张让市场发挥最大作用,反对政府干预,特别是财政补贴形式的干预;在国外主张发展中国家开放电信市场,减少政府监管,引进竞争机制。在具体政策选择上,极右派反对美国克林顿政府和英国工党政府实施的国内数字鸿沟政策,支持布什政府削减社区信息技术预算的举措。

数字鸿沟问题上的右派[179-183]同样相信市场和企业的作用,因而他们与极右派分享某些政策主张,如主张按市场化的方式提供 ICT 设施和服务;督促发展中国家开放市场,减少政府监管,引进竞争机制,严格版权制度,建设新技术园区以吸引外资等。但与极右立场不同的是,他们主张政府在一定限度内实施干预,例如在落后地区建设公共 ICT 中心、向学校和图书馆提供补贴、在偏远地区建设信息基础设施等。在具体政策选择上,他们支持以美国克林顿政府和英国工党政府为代表的信息政策,即一方面依赖私人资本建设信息基础设施,另一方面向公共信息机构提供补贴,以便这些机构能够无偿或以低廉价格提供互联网服务和培训,帮助企业培育市场。

数字鸿沟问题上的左派[184-186]主张彻底的政府干预,即主张将互联网作为公共品提供,以保证人们利用互联网的平等权利。在私人资本已经主导信息基础设施建设的背景下,左派主张政府不仅要对落后地区和公共机构(如学校和图书馆)提供补贴,还要增加对信息技能、信息素养和社会素养的培训投入。Bishop 将社会素养(social literacy)

定义为理解和尊重来自不同阶层、不同文化背景的人,并与他们和谐相处、成功交流的能力,它是增加社会资本(social capital)的基本条件[187]。在处理国家之间的数字鸿沟时,左派[188-190]主张根据发展中国家的国情,制定与他们的发展需要相适应的政策,在平等公正的基础上建立南北信息交换制度。在具体政策上,左派质疑美国克林顿政府和英国工党政府实施的消除数字鸿沟的政策,也质疑微软等企业在弥合数字鸿沟中的作用。他们认为,在这些政策和组织行为背后,政府和企业首先关心的是鸿沟的弥合能增加多少消费者,因而它们所代表的首先是私人资本的利益,而不是数字鸿沟落伍者的利益[191-198]。他们还批评美国克林顿政府和世界经济论坛试图用"数字机遇"概念代替"数字鸿沟"概念的做法,认为通过这种文字转换,世界政治和商业团体终于可以放弃"关注社会包容"这一掩饰,直接谈论市场机会了[199]。

数字鸿沟问题上的极左立场[200-201]反对在现阶段给予数字鸿沟过多的关注,认为数字鸿沟既非社会不平等的根源,也非当前需要优先消除的社会差距;他们还认为,在发展中国家缩小数字鸿沟,主要受益者往往不是这些国家的人民,而是发达国家的ICT提供商。因而,将资源优先投向数字鸿沟问题不仅可能造成社会资源的浪费,而且可能加剧发达国家和发展中国家原有的差距。

3 信息分化与数字鸿沟:未来研究与政策选择

3.1 信息资源分化问题研究的话语构建

如上所述,二十世纪六七十年代以后,随着信息成为个人、组织和社会发展的重要资源,信息资源的不平等问题逐渐成为众多学科关注的焦点。目前,关于这一问题的研究及相应的话语构建已经形成了两大领域:信息分化和数字鸿沟。

对信息分化与贫困问题的关注开始于20世纪70年代,即信息社会初露端倪之时。相关研究主要来自图书馆与情报学、大众传播等领域。这些学科对信息分化与贫困问题的讨论虽然不像后来出现的数字鸿沟讨论那样声势浩大,却采用了从政治经济学到社会学到认知理论的广阔视野,由此形成的相关研究揭示了一个被层层障碍(甚至剥夺)所围困的信息贫困世界,并赋予"信息分化"和"信息贫困"十分丰富的内涵,使它们成为表达人们在信息拥有(包括信息内容和信息设施的拥有)、信息查询、信息吸收和利用等方面综合差距和匮乏状态的概念,也使它们在语义上与"信息控制""信息剥夺""信息平等""社会公正"等概念建立了密切联系。围绕"信息分化"和"信息贫困"而形成的话语也因此具有较强烈的伦理色彩,这是后来的数字鸿沟概念及相关话语所不能比拟的。

对数字鸿沟的关注开始于20世纪90年代,相关研究来自政治学、经济学、社会学、通信科学、政策研究、图书馆与情报学、大众传播等广泛领域。这些研究集中显示了因ICT而加剧的南北差距和社会差距,并使数字鸿沟概念在语义上与"享用机会(access)""发展战略""信息基础设施""普遍服务""政府监管""政府干预"等概念建立了密切联系。围绕"数字鸿沟"而形成的话语体系也因此具有鲜明的政治和经济色彩。先前形成的"信息分化"的话语在数字鸿沟研究(特别是左派的研究)中虽然也时见应用,但它的声音却相对微弱。

"数字鸿沟"可以说是近年来在学术文献、大众传媒和政治论坛上使用率最高的概念。与其姊妹概念"信息分化"相比,"数字鸿沟"及相关话语无论在学术研究领域还是政策制定方面,都产生了更大的影响。

然而,正如本文所显示的,在探讨信息时代的社会分化问题时,"数字鸿沟"概念似乎带着先天的缺陷。首先,与"信息分化"相比,"数字鸿沟"概念的内涵要狭窄得多。早期理解的"数字鸿沟"主要是指"有网"(有机会享用互联网)与"无网"(无机会享用互联网)之间的差距,虽然近年来的研究试图扩大"数字鸿沟"的内涵,但在很多场合(特别是传媒报道、政策讨论),狭隘的理解依然主导着人们的思维。

其次,在此基础上提出的数字鸿沟解决方案大都致力于改善基础设施条件,忽略了阻碍数字鸿沟弥合的政治经济、社会文化、信息素养和技能等因素。再次,狭隘的"数字鸿沟"概念已经成为不同政治派别的话语工具:左派用它揭示社会不公,进而谋求社会关系的变革,右派用它表达发展失衡,进而寻求市场机遇的扩大;保守者用它淡化社会矛盾,激进者用它昭示社会不公。此外,由于政治利益的浸染,围绕"数字鸿沟"而形成的话语体系常常具有相当程度的欺骗性:在一个国家内部,它可以在某些政治理念的改造下,将人们的注意力从资源分配差距引向技术渗透差距,从社会变革需要引向技术普及需要;在全球范围内,它可以在发达国家利益的改造下,把人们的注意力从发展中国家的信息潜力(如文化信息和传统知识)引向他们的技术依赖,从发达国家的信息掠夺引向他们的技术输出。

  政治主张的浸染以及自身内涵的模糊已经大大削弱了"数字鸿沟"概念揭示客观现实的能力,从而削弱了它作为学术概念的严谨性。有关数字鸿沟的学术文献经常出现相互矛盾的结论和相互冲突的政策建议,在很大程度上是因为研究者在选择和定义数据要素、分析变量关系时,自觉或不自觉地让数据服务于自己的政治立场的缘故。根据Couldry的比较,在布什政府保守政治立场主导下完成的2002年美国商务部报告《在线国家》,就比此前的同类报告更多地使用了反映"差距正在缩小"趋势的数据,如将"享用机会"(access)理解为在家里、工作中和公共场所(如图书馆)获得的一切享用机会,而不顾"在家里享用"和"在公共场所享用"之间存在多么本质的不同[202]。通过这样的数据选择,2002年的调研报告成功地得出了美国已是一个"在线国家"的结论,而这样的结论又支持了布什政府削减社区ICT项目预算的决定。鉴于"数字鸿沟"概念及其话语体系的上述问题,很多学者[203-204]把它称作缺陷概念(problematic concept)。他们认为,尽管这一概念曾经成功地突显了因ICT发展而加剧的社会差距,引起了社会对这一问题的普遍关注,但继续用它来主导信息资源分化问题的讨论是不合适的。

对于那些关注信息资源分化问题的学科来说,这意味着未来研究可能需要重建话语体系。新话语的特征并非本文所能界定,但它几乎肯定需要同时具备反映社会分化现实的能力(真理性)和指导政府决策的能力(功用性)。已有的"信息分化"研究,无疑可以为新的话语体系贡献基于信息伦理的道德力量和基于多种理论视角的分析批判力,但它需要强化自身对新技术的关注以及对政府、企业和社会团体的影响力;同样,已有的数字鸿沟研究可以为新的话语体系贡献其对现实问题的敏感性、跨学科的开放性以及对政策制定者的影响力,但它需要经过"去政治化"的改造,增强其讨论范式的信息伦理基础和反映客观现实的能力。总之,要加深对信息资源分化问题的理解还需要新的研究话语,而新话语的形成还需要研究社区之间更积极的对话。

3.2　信息资源分化问题的政策选择

一旦信息资源分化成为信息时代的政治和社会问题,它就迟早会进入政府职能的范围。20世纪90年代中期以来,数字鸿沟问题在国际组织和政府部门所引起的广泛关注表明,解决信息资源的贫富分化问题已经成为公共政策的重要目标。

然而,由于现有研究对信息资源分化性质、现状及趋势、影响因素等的认识还存在很大分歧,因此,各类研究形成的政策性建议经常将政府指向不同的干预方向。政策性建议的分歧首先存在于"信息分化"与"数字鸿沟"两大研究社区之间:前者更关注信息内容的有效传递和利用,后者更关注信息设施的建设和享用。其次存在于不同的研究视角之间:有些建议督促政府通过调控市场来解决问题,如鼓励竞争、减免关税等,有些则主张更直接的政府投入,如补贴信息基础设施建设、增加公共信息部门预算、兴办社区信息设施等。如何综合不同建议,形成有效可行的政策,依然是政策制定过程中具有挑战性的问题。

在数字鸿沟研究中,政治立场对研究结论和政策建议的影响更增加了政策选择和评价的复杂性。根据Hacker and Mason[205]的观察,政治立场对研究结论和政策建议的浸染往往是隐蔽的,因为这种影响往往被包裹在规范的研究设计、充实的经验数据和理性的数据分析的外表之下。在有些情况下(如由信息企业或保守的国际组织资助的研究),研究结论及政策建议甚至可能成为集团利益的工具。

发展中国家面临着消除国内分化和缩短与发达国家距离的双重挑战,他们为此做出的努力又经常受制于复杂的国际环境和发达国家的政治经济利益,这就进一步加剧了其政策制定过程的复杂性。本文通过对不同派别政策建议的评析,或许可以为发展中国家的政策选择提供以下启迪:第一,发展中国家需要根据本国国情和长远利益,对来自发达国家政府、国际组织(如 G8 会议、世界经济论坛、世界银行)、跨国公司,甚至研究机构的建议进行慎重的甄别,批判性地评估它们对本国的借鉴价值;第二,要兼顾市场调控和政府直接作用,避免向市场调控政策(如开放竞争、降低关税)的过度倾斜,以免陷入由技术提供者主导的信息基础设施建设和对发达国家的依赖;第三,兼顾基础设施建设和对本土信息优势(如传统知识和文化遗产)的开发,注重信息素养培训,以免形成与国情不符的信息基础设施,造成资源的浪费;第四,要注意协调政府、企业、公共信息部门(如学校、图书馆、社区信息中心)和民间组织为缓解信息资源分化做出的努力,尤其要注重公共信息部门的作用,发挥它们在提供信息设施、信息内容和信息技能培训等方面的综合优势;第五,加强与其他发展中国家的合作,在国际信息市场上争取更公平的信息交换机制(如国际互联的补偿机制、传统知识遗产的开发利用机制等)。

参考文献

1,42　Feather John. The information society: A study of continuity and change. 3rd ed. London: Library Association Publishing, 2000

2　Childers Thomas. The information poor in america. Scarecrow, 1975

3,15,56,98,198　Hongladarom Soraj. Making information transparent as a means to close the global digital divide. Minds and Machines, 2004, 14(1): 85-99

4,31　Tichenor P, Donohue G, Olien C. Mass media flow and differential growth in knowledge. Public Opinion Quarterly,1970,34(2):159-160

5,10,14,61　Sweetland James H. Information poverty-let me count the ways. Database Magazine,1993,16(4):8-10

6　Van Dijk Jan. Universal service from the perspective of consumers and citizens:Report to the information society forum. Brussels:European Commission/ISPO,1997

7,77　Van Dijk Jan. Widening information gaps and policies of prevention. Thousand Oaks,CA:Sage,2000

8　Britz J J,Blignaut J N. Information poverty and social justice. South African Journal of Library & Information Science,2001,67(2):63-69

9　Britz J J. To know or not to know:A moral reflection on information poverty. Journal of Information Science,2004,30(3):192-204

11,24,36　Schiller,Herbert. Living in the number 1 society. Gazette:The International Journal of Communication Studies,1998,60(2):181-196

12　Sturgess P. The political economy of information:Malawi under kamuzu banda,1964-94. International Information and Library Review,1998,30(3):185-201

13　Goulding,Anne. Information poverty or overload?. Journal of Librarianship and Information Science,2001,33(3):109-111

16,45　Persaud Avinash. The knowledge gap. Foreign Affairs,2001,80(2):107-117

17,185　Birdsall W A. "New Deal" for libraries in the digital age?. Library Trends,1997,46(1):52-67

18,38　Golding P. The communication paradox :Inequality at national and international level and the communications media. Paper presented at Conference at University Sains Malaysia,Penang,December 6th to 10th,1993

19　Golding P,Phil H. Beyond cultural imperialism:Globalization,communication and the new international order. London:SAGE,1997

20,46-47　Haywood T. Info-Rich-Info-Poor:Access and exchange in the global information society. London:Bowker Saur,1995

21,39　Murdock G,Golding P. Common markets:Corporate ambitions and communication trends in the UK and europe. The Journal of Media Economics,1999,12(2):117-132

22,37　Schiller Dan. Ambush on the I-way:Information commoditization on the electronic frontier. Paper presented at the BCLA Information Policy Conference,Vancouver, 27 – 28 Oct. 1995

23　Schiller Herbert. Information inequality. The Deepening Social Crisis in America. New York: Routledge, 1996

25, 40　Webster F. Re-inventing place: Birmingham as an information city? City: Analysis of Urban Trends, Culture, Theory, Policy, Action, 2001, 5(1): 27 – 46

26　Chatman E A, Pendleton V E. Knowledge gap, information-seeking and the poor. The Reference Librarian, 1995(49/50): 135 – 145

27, 48　Chatman E A. The impoverished life-world of outsiders. Journal of the American Society for Information Science, 1996, 47(3): 193 – 206

28, 49　Hersberger J. Are the economically poor information poor? Does the digital divide affect the homeless and access to information. The Canadian Journal of Information and Library Science, 2002, 27(3): 45 – 63

29　Sligo F X, Jameson A M. The knowledge-behavior gap in use of health information. Journal of the American Society for Information Science, 2000, 51(9): 858 – 869

30, 51, 60　Spink A, Cole C. Information and poverty: Information seeking channels used by African American low income households. Library and Information Science Research, 2001, 23(1): 45 – 65

32, 35, 54　Grabe M E, et al. Cognitive access to negatively arousing news: An experimental investigation of the knowledge gap. Communication Research, 2000, 27(1): 3 – 26

33, 52　Agada J. Inner-city gatekeepers: An exploratory survey of their information use environment. Journal of the American Society for Information Science, 1999, 50(1): 74 – 85

34, 53　Gaziano C. Forecast 2000: Widening knowledge gaps. Journalism and Mass Communication Quarterly, 1997, 74(2): 237 – 264

41　Arunachalam S. Information for research in developing countries: Information technology, a friend or foe?. International Information & Library Review, 2003(35): 133 – 147

43　Gettelman A. The "Information Divide" in the climate sciences. Bulletin of the American Meteorological Society, 2003, 84(12): 1703

44　Meadows A Jack. Communicating research. San Diego: Academic Press, 1998

50, 59　Jaeger P T, Thompson K M. Social information behavior and the democratic process: Information poverty, normative behavior, and electronic government in the United States. Library & Information Science Research, 2004, 26(1): 94 – 107

55 Speight K. Gaps in the worldwide information explosion: How the internet is affecting the worldwide knowledge gap. Telematics and Informatics, 1999, 16(3): 135 – 150

57 Katikireddi S V. HINARI: bridging the global information divide. British Medical Journal, 2004, 328(7449): 1190 – 1193

58 Schiller Herbert. Information inequality. The deepening social crisis in America. New York: Routledge, 1996

62 Hoffman D L, Novak T P, Schlosser A E. The evolution of the digital divide: Examining the relationship of race to internet access and usage over time// B M Compaine(ed.), The digital divide: Facing a crisis or creating a myth?. Cambridge, MA: MIT Press, 2001: 46 – 97

63, 72 Bertot J C. The multiple dimensions of the digital divide: More than the technology "Haves" and "Have Nots". Government Information Quarterly, 2003, 20(20): 185 – 191

64, 79 Corrocher N, Ordanini A. Measuring the digital divide: A framework for the analysis of cross-country differences. Journal of Information Technology, 2002, 17(1): 9 – 19

65, 78, 177 Van Dijk Jan, Hacker Kenneth. The digital divide as a complex and dynamic phenomenon. The Information Society, 2003, 19(4): 315 – 326

66, 93, 191 Clark C, Gorski P. Multicultural education and the digital divide: Focus on race, language, socioeconomic class, sex, and disability. Multicultural Perspectives, 2001, 3(3): 39 – 44

67, 74 Hargittai Eszter. Second-level digital divide: Differences in people's online skills by. First Monday, 2002, 7(4)

68 Kim M C, Kim J K. Digital divide: Conceptual discussions and prospect. Human Society and the Internet, Proceedings, 2001(2105): 78 – 91

69, 140 Mossberger Karen. et al. Virtual inequality: Beyond the digital divide. Washington, DC: Georgetown University Press, 2003

70 Selwyn N. Reconsidering political and popular understandings of the digital divide. New Media & Society, 2004, 6(3): 341 – 362

71,76,172　Wilhelm Anthony G. They threw me a computer…but what I really needed was a life preserver. First Monday,2001,6(4)

73　Davison E,Cotton S R. Connection discrepancies:Unmasking further layers of the digital divide. First Monday,2003,8(3)

75　Lentz R G,Oden Michael D. Digital divide or digital opportunity in the mississippi delta region of the U. S. Telecommunications Policy,2001(25):291－313

80,113,116,120,123,125,161　Norris Pippa. Digital divide:Civic engagement,information poverty and the internet worldwide. New York:Cambridge University Press,2001

81　Compaine Benjamin M. The digital divide:Facing a crisis or creating a myth?. Cambridge,MA:The MIT Press,2001

82　Mueller M L. Universal service policies as wealth redistribution//Benjamin M. Compaine. The digital divide:Facing a crisis or creating a myth?. Cambridge,MA:The MIT Press,2001:179－187

83　C Clark,P Gorski. Multicultural education and the digital divide:Focus on socioeconomic class background. Multicultural Perspectives,2002,4(3):25－36

84,178　Thierer A D. Is the "Digital Divide" a virtual reality?. Consumers' Research Magazine,2000,83(7):16－20

85　Campbell Duncan. Can the digital divide be contained?. International Labour Review(Switzerland),2001,140(2):119－141

86　Chowdary T H. Diminishing the digital divide in india. Info-The Journal of Policy, Regulation and Strategy for Telecommunications,2002,4(6):4－8

87　Sehrt A Marc. Digital divide into digital opportunities. UN Chronicle,2004,40(4):45－46

88　Sidorenko Findlay C. The digital divide in east Asia. Asian-Pacific Economic Literature,2001,15(2):18－30

89,105,115,173,182　Wong Poh-Kam. ICT production and diffusion in Asia digital dividends or digital divide?. Information Economics and Policy,2002,14(2):167－187

90,106,174　Yunus Muhammud. Microcredit and IT for the poor. NPQ,2001(winter):25－26

91　Doctor Ronald D. Seeking equity in the national information infrastructure. Internet

Research,1994,4(3):9-22

92   Birdsall William F. The digital divide in the liberal state:A canadian perspective. First Monday,2000,5(12)

94,192   Clark C,Gorski P. Multicultural education and the digital divide:Focus on socioeconomic class background. Multicultural Perspectives,2002,4(3):25-36

95,96   Doctor Ronald D. Information technologies and social equity:Confronting the revolution. Journal of the American Society for Information Science,1991,42(3):216-228

97,186,205   Hacker Kenneth L,Mason Shana M. Ethical gaps in studies of the digital divide. Ethics and Information Technology,2003,5(2):99-115

99,198   Jeremy Moss. Power and the digital divide. Ethics and Information Technology,2002,4(2):159-165

100,171   Servon L J,Nelson M K. Community technology centres:Narrowing the digital gap in low-income urban communities. Journal of Urban Affairs,2001,23(3/4):279-290

101   Warschauer Mark. Dissecting the "Digital Divide":A case study in Egypt. The Information Society,2003,19(4):297-304,1

102,201   Menou Michale. The global digital divide:The hicteria. Aslib Proceedings,2001,53(4):112-114

103   Thompson Mark. Discourse,"Development" & the "Digital Divide":ICT & the World Bank. Review of African Political Economy,2004,31(99):103-123

104   Wade Robert Hunter. Bridging the digital divide:New route to development or new form of dependency?. Global Governance,2002,8(4):443-466

107   James J. Reconstruing the digital divide from the perspective of a large,poor,developing country. Journal of Information Technology,2004,19(3):172-177

108   Fink Carsten, Kenny Charles J. W(h)ither digital divide?. Info,2003,5(6):15-24

109,141   Rice Ronald E,Katz James E. Comparing internet and mobile phone usage:Digital divides of usage, adoption, and dropouts. Telecommunications Policy,2003,27(8):597-623

110   Gleave T,Al-Hawamdeh S. Knowledge economy and the digital divide in Asia. Journal of Information & Knowledge Management,2002,1(1):7-15

111,118,133　Hao X, Chow S K. Factors affecting internet development: An Asian survey. First Monday, 9(2), 2004

112,119,126　Hawkins E T, Hawkins K A. Bridging latin America's digital divide: Government policies and internet access. Journalism & Mass Communication Quarterly, 2003, 80(3): 646-665

114,117,183　Quibria M G, et al. Digital divide: Determinants and policies with special reference to Asia. Journal of Asian economics, 2003, 13(6): 811-825

121,166,188　Berman B J, Tettey W J. African States, bureaucratic culture and computer fixes. Public Administration and Development, 2001, 21(1): 1-13

122　Drori G S, Jang Y S. The global digital divide-a sociological assessment of trends and causes. Social Science Computer Review, 2003, 21(2): 144-161

124,127　Afullo T. Global information and Africa: The telecommunications infrastructure for cyberspace. Library Management, 2000, 21(4): 205-213

128,130　De Boer S J, Walbeek M M. Information technology in developing countries: A study to guide policy formulation. International Journal of Information Management, 1999, 19(3): 207-218

129,131　Tiene Drew. Addressing the global digital divide and its impact on educational opportunity. Education Media International, 2002, 39(3/4): 211-222

132　Huang H. et al. Trust, the internet, and the digital divide. IBM Systems Journal, 2003, 42(3): 507-518

134　Roycroft T R, Anantho S. Internet subscription in Africa: Policy for a dual digital divide. Telecommunications Policy, 2003(27): 61-74

135　Roseman D. The digital divide and the competitive behaviour of internet backbone providers: Part1: Issue and arguments. Info, 2003, 5(5): 25-37

136,144,147,149　Bucy E P. Social access to the internet. Harvard International Journal of Press/Politics, 2000, 5(1): 50-61

137　Gibson C. Digital divides in New South Wales: A research note on socio-spatial inequality using 2001 Census data on computer and Internet technology. Australian Geographer, 2003, 34(2): 239-257

138,152　Hacker K L, Steiner R. The digital divide for hispanic Americans. Howard Journal of Communication 2002, 13(4): 267-283

139　Larrison C, et al. Welfare recipients and the digital divide: Left out of the new economy?. Journal of Technology in Human Services,2002,19(4):1 – 12

142   Wilson K R et al,Social stratification and the digital divide. Social Science Computer Review,2003,21(2):133 – 143

143   Bonfadelli H. The internet and knowledge gaps:A theoretical and empirical investigation. European Journal of Communication,2002,17(1):65 – 84

145   Mills B F,Whitacre B E. Understanding the non-metropolitan-metropolitan digital divide. Growth and Change,2003,34(2):219 – 243

146,162   Shelley M T,et al. Digital citizenship-parameters of the digital divide. Social Science Computer Review,2004,22(2):256 – 269

150   Loges W E,Jung J Y. Exploring the digital divide-internet connectedness and age. Communication Research,2001,28(4):536 – 562

151   Chakraborty J,Bosman M M. Race,income,and home PC ownership:A regional analysis of the digital divide. Race & Society,2002,5(2):163 – 177

153   Jackson L A,et al. The racial digital divide:Motivational, affective, and cognitive correlates of internet use. Journal of Applied Social Psychology,2001,31(10):2019 – 2046

154,180   Mack Raneta L. The digital divide:Standing at the intersection of race and technology. Durham,N. C.:Carolina Academic Press,2001

155   Hindman D B. The rural-urban digital divide. Journalism & Mass Communication Quarterly,2000,77(3):549 – 560

156   Hwang J S. Digital divide in internet use within the urban hierarchy:The case of South Korea. Urban geography,2004,25(4):372 – 389

157   Kuk G. The digital divide and the quality of electronic service delivery in local government in the United Kingdom. Government Information Quarterly,2003,20(4):353 – 363

158,181   Nicholas K. Geo-Policy barriers and rural internet access:The regulatory role in constructing the digital divide. The Information Society, 2003, 19 (4):287 – 295

159   Warf B. Segueways into cyberspace:Multiple geographies of the digital divide. Environment and Planning B-Planning & Design,2001,28(1):3 – 19

160   Borgida E,et al. Civic culture meets the digital divide. Journal of Social Issues, 2002,58(1):125 – 141

163 Crump B. and McIlroy A. The digital divide: Why the "don't-want-tos" won't compute: lessons from a New Zealand ICT project. First Monday, 2003, 8(12)

164 Katz J E, Aspden P. Motives, hurdles, and dropouts: Who is on and off the internet, and why. Communications of the ACM, 1997, 40(4): 97 – 102

165 Antonelli Cristiano. The digital divide: Understanding the economics of new information and communication technology in the global economy. Information Economics and Policy, 2003, 15(2): 173 – 199

167 James J. Bridging the digital divide with low-cost information technologies. Journal of Information Science, 2001, 27(4): 211 – 217

168 James J. Low-cost computing and related ways of overcoming the global digital divide. Journal of Information Science, 2001, 27(6): 385 – 392

169 James J. Free software and the digital divide: Opportunities and constraints for developing countries. Journal of Information Science, 2003, 29(1): 25 – 33

170 Kozma Robert et al. Closing the digital divide: Evaluation of the world links program. International Journal of Educational Development, 2004, 24(4): 361 – 381

175 Zhang M L, Wolff R S. Crossing the digital divide: Cost-effective broadband wireless access for rural and remote areas. IEEE Communications Magazine, 2004, 42(2): 99 – 105

176 Compaine Benjamin M, Weinraub Mitchell J. Universal access to online services: An examination of the issue. Telecommunication Policy, 1997, 21(1): 15 – 33

179 Genus A, Nor M. Ali Mohamad. Socialising the digital divide: Implications for ITCs amd e-business development. Journal of Electronic Commerce in Organizations, 2005, 3(2): 82 – 94

184 Benton Foundation. Losing ground bit by bit: Low-income communities in the information age, 1998. http://www.benton.org/Library/Low-Income/LI-chptr.html

187 Bishop Ann Peterson. Afya: Social and digital technologies that reach across the digital divide. First Monday, 2001, 6(4)

190 Korac-Kakabadse Nada et al. Information technology and development: Creating "It Harems", fostering new colonialism or solving "Wicked" policy problems?. Public Administration and Development, 2000, 20(3): 171 – 184

193 Clark L S, et al. Ethnographic interviews on the digital divide. New Media & Society, 2004, 6(4): 529 – 547

194　Golding P, Murdock G. Digital divide: Communications policy and its contradictions. New Economy,2001,8(2):110-115

195　Houston R D, Erdelez S. The digital divide-who really benefits from the proposed solutions for closing the gap. Journal of Information Ethics,2004,13(1):19-33

196　McSorley Kevin. The secular salvation story of the digital divide. Ethics and Information Technology,2003,5(2):75-87

197　Molina Alfonso. The digital divide:The need for a global e-Inclusion movement. technology Analysis and Strategic Management,2003,15(1):137-152

199,202-203　Couldry Nick. Digital divide or discursive design?. On the Emerging Ethics of Information Space. Ethics and Information Technology,2003,5(2):89-97

200　Alden C. Let them eat cyberspace: Africa, the G8 and the digital divide. Millennium-Journal of International Studies,2003,32(3):457-476

204　Warschauer Mark. Reconceptualizing the digital divide. First Monday,2000,7(7)

原载于《图书馆杂志》,2005年第12期

结构与主体能动性：
信息不平等研究的理论分野
及整体性研究的必要*

1 引言

在世界范围内,学术界对信息不平等问题的关注几乎同步于贝尔、马克卢普等学者对信息的社会学及经济学意义的关注。1975年,奇尔德斯(Childers)的一项调查表明,到70年代中期,已经有700余篇文献涉及信息不平等问题[1]。20世纪90年代以后,在数字化革命的冲击下,信息技术在不同人群中的非均衡分布(通常被称为"数字鸿沟")也吸引了广泛的研究兴趣。截至目前,有关信息不平等问题的研究已经表现出一些比较显著的研究社区差异和理论分野[2]。

利弗如和法博(Lievrouw、Farb)将信息不平等研究的理论视角划分为纵横两种角度。他们指出,纵向角度认为信息是一种客观资源,其分布情况和物质资源的分布一样取决于人们的社会经济地位,并因此产生信息不平等;横向角度则认为信息本身和信息的利用过程都充满了主观建构性,人们从中获益的能力各不相同,并因此产生信息不平等[3]。于良芝在分析了有关信息不平等研究的话语特点、理论解释、政策建议后指出,在信息不平等问题上,学术界存在两个相互交叉

---

* 本文与刘亚合写。

的研究社区：信息贫困与信息分化研究社区及数字鸿沟研究社区；前者主要关注体现在信息生产、传播、获取、利用过程中的不平等，后者则主要关注体现在信息技术扩散过程中的不平等；她同时注意到，有关信息贫困与分化的理论存在着宏观、中观和微观之分。在对相关研究进行综述的基础上，利弗如、法博和于良芝都呼吁不同研究社区、理论派别之间的对话甚至融合。

本文继续深入考察信息不平等研究的主要理论分歧，剖析这些分歧与社会科学领域传统的二元对立——结构和能动性二元对立——的关联。结构与主体能动性的对立是社会科学理论（特别是社会学理论）中根深蒂固的理论断层之一，其存在不可避免地阻碍我们对活生生的现实的理解。过去30年间社会科学领域出现的整体性研究趋势就是寻求这些断层的嫁接，形成解释结构与能动之间、宏观与微观之间交互作用的整体性理论（integrative theory）[4]。法国哲学家布迪厄有关场域和惯习的理论、英国社会学家吉登斯有关双重结构的理论都是新兴的整体性理论的代表。本文对信息不平等理论的分析，就是希望在更广阔的学术背景下揭示这些理论的贡献与局限，并以当代社会科学中消除二元对立的整体性理论为参照，分析整体性理论对信息不平等研究的价值。

2 信息不平等研究及其理论基础

假如我们超越现有信息不平等研究的学科或社区归属，转而根据其理论基础进行跨学科、跨社区的归纳总结，我们将不难看出以下理论对信息不平等研究的影响：信息政治经济学理论、社会排斥理论、知识差距学说、创新扩散理论、社会网络分析、小世界信息交流理论、意义建构理论。

2.1 信息政治经济学

信息政治经济学也称传播政治经济学。特定学者在特定情况下采用哪个名称似乎取决于作者本人及目标读者所在的领域。面向传播学的著述更经常地使用"传播政治经济学",而面向图书馆与情报学的著述则更经常地使用"信息政治经济学"。一些享有跨学科影响力和研究兴趣的学者,如莫斯考(Vincent Mosco),还在不同场合交替使用这两个名称[5-6]。但不管它采用哪个名称,这一理论的基本质素与研究焦点不变。它是一种运用政治经济学概念和方法分析信息生产、交换、使用过程中的社会关系的学问,其研究焦点包括:媒介与信息产业对信息生产与传播的影响、跨国公司对世界信息格局和民族文化的影响、媒介私有权及市场机制对信息公平及民主制度的影响、信息领域中的资本对信息政策的影响等[7]。

信息政治经济学/传播政治经济学起源于20世纪40年代的北美。当时,文化和传媒产业已成为一个重要的经济领域,信息技术和服务也已开始影响企业,特别是跨国公司的发展,并导致他们更积极地参与信息领域的政策制定。所有这一切都激发了学术界对信息与经济利益、政治权势、社会结构之间关系的关注,从而推动了信息政治经济学的形成。20世纪60年代,随着信息在西方成为重要的战略资源、信息和文化领域在全球成为民族独立斗争的新战场,信息政治经济学得到了更大发展,研究力量也从北美扩大到了欧洲和第三世界国家。英国的戈尔丁(Golding)、默多克(Murdock)就是20世纪60年代以后活跃在信息政治经济学领域的欧洲学者。

信息政治经济学的学术传统主要来源于马克思主义政治经济学和制度经济学[8]。从马克思主义政治经济学那里,信息政治经济学继承了对生产关系、所有权因素、资本追逐利润的本性等问题的关注。从制度经济学那里,信息政治经济学主要继承了关于制度因素与市场运作之间关系的研究兴趣。此外,信息政治经济学还从新马克思主义、法兰克福学派等学术流派那里继承了对信息的"物质性"(即信息作为经济活动的因素)的认可。

与这一学术传统相适应,信息政治经济学在考察信息不平等现象时,主要关注社会结构因素的作用,如媒介所有权、信息产业垄断、信息商品化、收入差距等对信息生产、获取及利用的影响。在这方面,信息政治经济学首先关注上述因素导致的社会阶层差距。传播领域的席勒父子(Herbert I. Schiller[9] 和 Dan Schiller[10])、戈尔丁[11-13]、默多克[14]、赵月枝[15]以及图书馆与情报学领域的道克特(Doctor)[16-17]、伯兹奥尔(Birdsall)[18-19]等都对这一问题有很多剖析。以席勒(Herbert I. Schiller)为例,1988年,他与做图书馆员的妻子合作,分析了二战以来,美国信息领域的一系列变化——媒介私有权的扩张、跨国媒体公司对信息传播渠道的垄断、保守政治力量向私营部门利益的倾斜——如何瓦解了美国图书馆职业信息公平的原则和实践[20]。再以戈尔丁和默多克为例,这两位学者的很多研究都旨在剖析信息领域的私有化、社会阶层的收入差距及保守的信息政策对信息不平等的影响。例如,他们1999年的研究专门分析了欧洲信息领域市场化的表现及其对低收入人群信息获取能力的剥夺。总之,对于社会阶层之间的信息分化,这些学者得出的比较一致的结论是:20世纪后半叶,随着信息成为重要的经济资源,信息私有权及信息商品化的范围也不断扩大,这种趋势加上日趋保守的信息政策和不断拉大的经济能力差距,使社会阶层之间的信息分化越来越严重。

除了关注阶层间的信息不平等,信息政治经济学还同样关注发展中国家与发达国家间的信息不平等。20世纪中期以后,随着第三世界国家在政治上逐渐取得独立,反殖民统治的斗争更多地转向了信息与文化领域,20世纪70年代,还形成了旨在反对西方信息与文化统治的"世界信息新秩序运动"。这个运动的参加者不仅包括了第三世界的政府和信息政治经济学学者,也包括了很多西方世界的信息政治经济学学者,如席勒(Herbert I. Schiller)。这场斗争虽然没能改变世界信息格局,却光大了信息政治经济学批判世界范围信息不平等的学术传统。

2.2 社会排斥理论

笼统地说,社会排斥理论就是关于社会排斥现象和排斥过程的理论;要准确地界定这一理论则需要准确地界定什么是"社会排斥",但恰恰在这一点上,学术界截至目前还无法提供确切答案。最早使用这个词的法国政治家勒努瓦(Lenoir),用它表述当时法国社会中的少数边缘人群——精神病患者、身体残疾者、有自杀倾向者、老年病人、受虐待的儿童、吸食毒品者、单身父母、多问题家庭、边缘人、反社会者和社会不适应者——被社会保障体系排斥在外的状态[21]。20年后,当英国政府将消除社会排斥确立为核心执政目标时,它对社会排斥做出了以下界定:当社会成员或区域遭受失业、技能匮乏、收入低下、住房简陋、犯罪频发、病弱和家庭破裂等多重问题的综合困扰时,所经历的状态[22]。英国学者皮尔森在强调排斥是一种综合的边缘化状态(而不仅仅是经济上的贫困)的同时,还强调社会排斥的"剥夺"特征,他认为:"社会排斥是对个人、家庭、群体和社区参与社会、经济和政治活动所需资源的全面剥夺过程。这一过程首先是贫穷和低收入的结果,其他因素如歧视、教育程度低和生活环境差也对此造成了影响。通过这一过程,一个人在其生命的相当长时间内被排除在社会大多数人享有的制度和服务、社会网络和发展机会之外。"[23]与此相似,英国学者勒格兰德(Le Grand)、巴里(Barry)也都认为,社会排斥是社会强加于个人的、个人无法控制的状态[24]。

由于存在很多不同理解,试图确切定义社会排斥理论几乎是不可能的。但观察社会排斥问题的相关研究不难发现,它与以往强调社会结构的理论传统(马克思、涂尔干等开创的传统)既有相通之处也有显著区别。一方面,多数社会排斥研究(特别是90年代以后的研究)都倾向于认为,被排斥的状态是社会强加于个人的,个人无法控制自己被排斥的过程。这使社会排斥理论及相关研究比较关注收入差距、劳动力市场、福利制度、社会政策等宏观因素,也使社会排斥理论与以往那些强调宏观社会结构的理论共享某些研究旨趣。另一方面,社会排斥理论比以往的理论更强调社会排斥的多维度、多成因(既包括就业和收入状况,也包括健康和家庭结构等)、动态性。这使社会排斥理论与以往强调宏观社会结构的理论之间又存在显著不同:以往理论把社会构成看成是结构化的、层级的、不平等的,认为有些人处于社会的上层而有些则处于社会的底层;社会排斥理论把社会构成看成空间化、平面化、断裂的,认为有些人位于社会的主流或中心而有些则位于边缘。

社会排斥理论起源于20世纪70年代的法国,20世纪90年代开始影响欧洲其他国家并迅速成为一种全球性的学术研究领域。这段时间,西方的政治和学术背景可以说具备了使社会排斥理论迅速发展的多种条件。在政治领域,面对20世纪后半叶出现的经济和社会转型(如信息社会和知识经济的出现、中产阶层的扩大、后现代生活方式的流行),西方一些左派政党开始重新思考自己的社会基础、指导思想、政治纲领和具体政策,并逐渐用相对中庸的政治话语取代了原有的相对激进的话语,例如,用"消除社会排斥"的表述取代"消除阶级压迫","谋求社会包容和社会融合"取代"谋求社会平等"。1974年,勒努瓦首次使用社会排斥概念描述法国社会存在的边缘人群及其对一个团结的、融合的法国社会的威胁。从那时起,社会排斥的概念和理论一直是法国社会政策的重要基础。20世纪90年代,英国新上台的工党政府也开始把消除社会排斥作为核心的执政目标;与此同时,整个欧盟也开始围绕社会排斥考虑和制定其社会政策。进入新世纪后,以消除社会排斥为导向的政策思路进一步影响世界其他地区,如北美。在学术领域,20世纪后半叶出现的有关社会转型的思想(如贝尔的后工业社会理论)和有关新经济发展模式的学说(如马克卢普的知识经济学),使学者们比以往更关注非物质资源对经济增长和社会发展的作用,如社会资本、社会网络、社会融合等。"一个受教育的劳动力无疑是生产力的源泉,但如果劳动力不享有良好的健康、像样的住房、稳定的心智、文化的满足,即生活质量的多方面改善,那么,受教育是没有意义的。因此,福利国家,如果不论其官僚基础,应该是生产率的源泉而不是财政负担。"[25]

在图书馆与情报学领域,信息不平等和社会排斥被认为是密切相关的社会问题。一方面,信息不平等被认为是社会排斥的重要形式,即没有能力获取信息和使用信息技术必然限制人们的社会参与程度;另一方面,社会排斥又被认为是一个严峻的信息问题,即个人在遭受排斥的状态下几乎肯定无法有效获取信息。20世纪90年代末以来,在社会排斥和信息获取的交叉点上,产生了很多关于信息不平等问题的研究。与其他信息不平等理论相比,基于社会排斥理论的信息不平等研究有两个特别值得注意的特点。首先,在考察信息不平等的影响因素时,这些研究更加关注社会排斥过程(如种族排斥)而不是招致排斥的静态性质(如黑人)。例如,莫斯伯杰(Mossberger)及其同事[26-27]在考察种族与信息鸿沟的关联时发现,种族本身并不是造成数字鸿沟的原因,种族隔离或排斥以及少数民族聚居区内的贫困才是造成数字鸿沟的真正原因;黑人居住区的居民事实上比其他缺乏信息技术的人更渴望使用信息技术,更愿为此做出努力,也更可能利用图书馆、学校以及亲戚朋友家的网络设施;莫斯伯杰(Mossberger)等认为,黑人在全国性调查中显示出的信息劣势,可能是因为他们的聚居区无力提供良好的图书馆、学校等服务,从而导致他们无法经常使用网络,获得足够的数字技能。贾珀森(Japzon)和龚(Gong)[28]也发现,社区的排斥或融合特征影响图书馆的利用率:在社会交往度高、种族多元化和融合度高的社区,图书馆的利用率也高;在相反的社区,图书馆利用率低。其次,在考察信息分化和数字鸿沟的弥合途径时,这些研究都特别关注图书馆、社区信息中心和社区信息服务项目的作用,且特别强调图书馆等社区设施对信息公平和社会包容的综合作用;为此,这些研究追问的典型问题是:图书馆如何理解信息分化/数字鸿沟才能使自己真正成为社会融合的力量?仅仅把数字鸿沟理解为技术获取差距能否引导图书馆设计有效的社会排斥对抗策略?仅仅向公众开放图书馆的计算机和互联网设施(哪怕是免费的)能不能真正促进社会参与?达特(Dutch)和穆迪曼(Muddiman)[29]正是从这个角度剖析了英国政府关于公共图书馆的政策(包括1997年发布的《新图书馆:人民的网络》),并尖锐地指出,这些政策的共同疏漏就是过于强调技术的作用,忽略服务和数字技能培训;在这样的政策导向下,英国公共图书馆离真正包容的、向所有人开放的图书馆还有很大距离。比朔普(Bishop)[30]等则通过一项行动研究考察了社区信息服务成为信息平等和社会包容力量的途径,这项研究的结论指出,社区信息服务需要综合考虑技术获取(technology access)、数字素养(digital literacy)、社会素养(social literacy)、培训,才能真正成为社会融合和社会变革的力量。

2.3 扩散理论

2.3.1 创新扩散理论

根据创新扩散理论专家、美国学者罗杰斯(Rogers)的定义,创新是"被个人或其他采用者视为新颖的思想、实践和实物"[31];更具体地说,创新扩散中的创新可以是新知识、新技术,也可以是新思想、新信仰、新时尚等[32]。

创新如何在不同人群中扩散从而成为文化渗透、社会变革和经济增长的力量,自19世纪后半叶开始就先后成为文化研究、社会学和经济学等领域的课题。1962年,美国学者罗杰斯在总结已有相关研究并考察创新扩散案例的基础上,提出了更系统的创新扩散理论。他把创新扩散(diffusion of innovation)定义为"创新通过特定渠道在一段时间里向社会成员传播的过程";提出了创新事物的五个基本特征——相对优越性、兼容性、复杂性、可实验性、可观察性,以及创新的五类采用者——革新者、早期采纳者、早期追随者、晚期追随者和滞后者;并认为创新在人群中的扩散过程遵循S曲线,即创新的扩散速度一开始总是比较缓慢,然后加快,直到社会系统中有可能采纳创新的人大部分都已采纳,之后又趋于平缓。这种创新扩散理论的核心目的是解释创新的扩散模式、速度及其影响因素,回答哪些条件促进新知识、新技术的扩散,哪些条件阻碍其扩散,以帮助创新者和政策制定者创造条件,促进创新扩散。

现代信息技术可谓20世纪最重要、最有影响的创新之一。由于现代信息技术可以被应用于包括日常生活在内的广阔领域——这意味着所有社会成员都有可能成为现代信息技术的潜在采纳者;同时由于信息技术的应用对国家和个人的发展影响巨大,它的扩散过程吸引了前所未有的研究兴趣。用扩散理论的概念体系考察信息技术的使用/非使用,也因此构成了数字鸿沟研究的重要视角。事实上,浏览有关数字鸿沟的文献不难发现，多数关于数字鸿沟的研究都或多或少地融入了扩散理论的思路。其中有些研究主要关注信息技术在全球范围的扩散（即国家之间的数字鸿沟），并在不同程度上将下列因素确定为影响信息技术扩散率的变量：国家的经济发展水平、基础设施、信息政策、市场监管、文化因素等。有些研究主要关注信息技术在一个社会系统中的扩散（即一国之内的数字鸿沟），并在不同程度上将下列因素确定为影响信息技术扩散的因素：人群的人口学特征、收入水平、地域位置、性格特征、态度、兴趣或动机等[33]。

取决于不同研究对上述因素的关注程度，数字鸿沟研究也存在从关注社会结构因素到关注个体因素的分野。大部分数字鸿沟研究主要考察收入、受教育水平、种族、城乡、性别等结构性因素与信息技术采用率的关联。例如，美国 NTIA 的"在网络中落伍"（Falling through the net）系列报告显示，2000 年以前，互联网在美国的白人、男人、城市人口、受教育程度高的人口、收入高的人口中的扩散速度快于它在少数民族、女人、农村人口、受教育程度低的人口、收入低的人口中的扩散速度[34]。在随后几年，这一扩散模式也不同程度地在其他研究中得到反映。马丁（Martin）和罗宾斯（Robinson）的研究[35]通过更复杂的分析模型（logistic 多元回归分析）显示，在美国和另外几个西方国家，家庭收入是影响信息技术利用的最主要因素，其影响程度超出教育水平、年龄、种族、公民身份种类；它同时显示，最低收入人群与最高收入人群之间的数字鸿沟随时间推移而拉大。

与上述研究相比，有些研究更关注个人的性格特征、态度、兴趣或动机等对信息技术使用程度的影响。例如，克伦普（Crump）注意到，即使社会地位相同或相似的人群，也存在显著的数字鸿沟；而在所谓的"数字落伍者"中，有相当一部分是因缺乏兴趣自愿选择不联网的[36]。卡茨（Katz）等发现，除了在人口学指标上表现出的差异，互联网用户和非用户之间在对互联网的价值判断上也存在显著不同[37]。杜塔－伯格曼（Dutta-Bergman）则发现，在控制年龄、教育、性别、收入水平的情况下，互联网使用行为与个人的创新性（innovativeness）、消费倾向(consumerism)、锻炼习惯显著相关,这三个变量一起可以解释20%的互联网使用差距[38]。

2.3.2 知识差距学说

知识差距学说是20世纪70年代出现的、关于知识和信息在受众中非均衡扩散的理论。这种学说的最早表述是由传播学者提契纳(Tichenor)及其同事提出的。他们通过对若干信息传播过程的考察发现,随着注入社会系统的大众媒介信息的增加,人口中处于较高社会经济地位的人比处于较低地位的人能更快地吸收信息,所以不同社会阶层之间的知识差距不是缩小而是扩大[39]。与创新扩散理论不同,这一学说是专门针对以大众媒介为载体的知识或信息扩散的,其追随者和修正者也主要集中在大众传播领域,它因此构成了扩散理论中一个相对独立的分支。

在提契纳等的论文发表以后,知识差距现象吸引了大量研究兴趣。加齐亚诺(Gaziano)[40-41]曾从不同角度,对不同时期的知识差距研究进行了回顾和评述,根据这些评述和相关研究判断,后来的研究大致分为三类:第一类研究以提契纳及其同事的后续研究为代表,其主要旨趣是延续和发展他们早期研究,一方面继续验证"不同阶层以不同的速度获取知识,从而导致他们的知识差距不断增大"的结论;另一方面对某些中间变量进行考察,以确定哪些因素可能干预知识差距的产生及其变化。例如,提契纳等在1973年的一项研究发现,当一些小型社区被大量注入地方性和全国性新闻报道时,不同阶层在全国性新闻上的知识差距拉大,在地方性新闻上的知识差距却缩小了[42];多诺霍(Donohue)、提契纳和奥里恩(Olien)在进一步考察这种现象时认为,人际传播可能是影响知识差距的中间变量:对于有争议的地方性消息报道,人际间的信息交流会更活跃,从而影响知识差距的发展[43]。第二类研究以埃特玛(Ettema)及其同事的研究[44-45]为代表,其主要旨趣是关注个体因素,如个人兴趣、动机等对信息吸收的影响。这些研究大都证明,兴趣及动机因素比教育或收入水平在更大程度上解释了知识差距的存在:"[在获取]大众媒介传播的知识时,动机不同的人群的知识差距会拉大,而动机相同的人群的知识差距则不会拉大。"第三类研究以伊曼纽尔·加齐亚诺(Emanuel Gaziano)和塞西莉亚·加齐亚诺(Cecilie Gaziano)的研究为代表,这两个学者呼吁关注文化因素对知识差距的影响,例如,社会规范如何影响人们对信息意义的建构以及对信息的选择。

2.4 小世界理论

信息分化与贫困研究中的"小世界理论",是在美国学者查特曼(Chatman)等人的研究的基础上形成的,从社会规范和文化特征角度解释信息贫困现象的理论。尽管在查特曼之前和之后,都有研究成果体现了"小世界理论"的特征——关注小世界的情境因素、社会规范、文化特征对信息行为的影响,但"小世界理论"的系统化归功于查特曼在20世纪80—90年代的一系列研究。

根据查特曼及其同事的相关论述[46-49],"小世界"可以理解为由世界观(world view)和社会规范(social norms)所界定的,一个相对小的社会生活空间。查特曼的早期研究主要运用已有的社会学理论考察小世界的信息行为,后期研究主要从小世界的行为特征入手考察信息贫困的产生。这些研究发现,"小世界"里的人共享鲜明的社会规范,这些规范不仅决定小世界成员的信息需求、信息获取习惯和信息价值判断,而且规定着正常行为(包括信息行为)的标准与范围、局内人和局外人的界限。生活在小世界中的局内人出于自我保护、不信任等原因,经常对外部世界采取隐瞒或欺骗等信息封锁行为,他们也很少自觉地从外部世界寻求信息。而那些来自大众媒介或信息机构的外部信息,由于从内容到形式都打着主流文化的烙印,也很难引起小世界人群的兴趣。这种信息隔阂或交流屏障是导致弱势"小世界"信息贫困的主要原因。

20世纪80年代,当查特曼开始其"小世界"信息行为研究的时候,信息行为领域基本上由认知视角主导[50]。认知视角的突出特点在于,首先,它以个人为分析单元,通过观察个人的外在行为探索其认知过程的特点;其次,它强调信息处理过程不可避免地受到个人认知状态的干预,认同信息处理过程甚至信息本身的主观建构性;再次,它倾向于对个人认知过程做超越情境的分析,不考虑情境因素(如周围人)对个人认知的塑造。查特曼就是在这样的背景下,以弱势人群的信息行为为主要考察对象,开始了对信息行为理论的创新:首先,查特曼改变了已有理论对认知过程中的信息行为的关注,转而关注社会交往中的信息行为,因此,查特曼理论中的信息行为不是由认知进程界定的(定义问题、查询信息、判断相关性等),而是由社会交往模式界定的(隐瞒、欺骗、拒斥等)。其次,她改变了已有信息行为理论对情境因素的超越,开始把个人视作特定情境(小世界)中的个人,认为个人行为(包括信息行为)遵从小世界的世界观和社会规范,必须以小世界的生活体验为参照才能得以理解。再次,查特曼放弃了来自了认知学和心理学的观照,转而从社会学借鉴概念体系和解释框架,特别是胡塞尔现象学影响下的新社会学,如阿尔弗雷德·舒茨(Alfred Schutz)、托马斯·卢克曼(Thomas Luckmann)、贝尼塔·卢克曼(Benita Luckmann)的社会学理论和默顿(Merton)的知识社会学。从关注认知过程到关注社会环境和社会交往,从借鉴认知学理论到借鉴社会学理论,查特曼的信息行为理论开创了对信息行为的社会学研究。按萨沃莱宁(Savolainen)[51]对学术传统的界定,这种研究是个人主义(individualism)和情境主义(situationalism)的结合:前者强调对个人微观世界的考察,强调能动性和建构性;后者进一步强调个人与周围环境的交互。这一特点后来也贯穿于查特曼对信息贫困的研究当中。可以说,情境主义使查特曼的信息行为研究明显区别于当时占主导地位的认知研究,个人主义则使她的信息贫困研究明显区别于此前的信息政治经济学研究。

2.5 社会网络分析

社会网络分析是一种研究人与人之间、组织之间或其他实体之间的交往行为(包括情感交流、信息交流、彼此支持等)的视角和方法[52],其基本特点就是把个人看成社会交往关系中的行动者(或节点),把社会看成是由各种关系和节点"织成"的网络集合。这种角度既不同于以往强调社会结构的宏观研究,也不同于强调个体能动性的微观研究。与前者相比,社会网络分析虽然也关注关系以及由此而形成的结构,但它考察的不是社会的秩序性(如阶级之间、性别之间)关系和结构,而是个人或组织层面的关系和结构;与后者相比,它虽然也以个人(或组织)等微观世界为分析对象,但它考察的不是个人的特征品性等因素,而是个人的社会交往活动。因此,社会网络分析视野中的"社会关系"是个人间的社会交往关系,"社会结构"是通过个人交往行为建构出来的"结构","社会分化"是由交往节点及关系特征等决定的"社会资本"差距。与这种视角相适应,社会网络分析的基本概念包括关系强度、密度、网络规模等,其基本研究旨趣就是考察由个人交往行为建构或决定的社会结构、资源分配及社会再生产。

社会网络分析方法的基本思想和概念出现于20世纪30年代,至20世纪70年代已经形成了比较完整的概念和方法体系。由于信息是人们通过社会网络最经常交换的内容之一,信息的交换和获取很早就成为社会网络分析的研究课题。这些研究发现,社会网络的特征至少在某些方面决定个人的信息优势或劣势。20世纪70年代,格兰诺维特(Granovetter)率先发现,关系(即连带)的类型决定工作信息的获取优势或劣势。他发现,与强连带(如家人、挚友等)相比,弱连带(熟人、同事)更有助于获得非重复性的、有价值的信息[53]。此后,朗格卢瓦(Langlois)[54]、埃里克森(Ericksen)和杨(Yancey)[55]、达文(Davern)和哈辰(Hachen, Jr)[56]、亚库波维奇(Yakubovich)[57]等一大批学者在不同环境下证实了格兰诺维特的发现。费恩与克雷曼(Fine and Kleinman)[58]和楚宾(Chubin)[59]分别证实了弱连带传播文化信息和科技信息的优势。1983年,格兰诺维特在总结自己及他人研究成果的基础上提出:"缺乏弱连带的个人将缺少来自社会系统不同部分的信息,其[视野]将局限于地方消息和朋友的观点。"[60]虽然也有研究发现,强连带在信息传递速度、可信度、影响力方面优于弱连带,但弱连带在信息获取方面的优势似乎不容置疑。除了关系强弱,网络规模和异质性等也被证明影响信息传播和获取。约翰逊(Johnson)发现,在信息的组织传播渠道和大众媒介传播渠道之间,置身于高异质性、弱连带、高端节点网络中的人,对组织渠道的利用程度高;置身于相反网络中的人,对大众媒介的利用程度高;她同时还发现,网络规模、异质性和高端节点正向影响信息获取的满意度[61]。

在证实网络特征与信息获取存在关联性的同时,不少学者还发现,弱势人群的社会网络经常表现出不利于信息传播的特征。例如,斯坦科(Stack)[62]、德尔文(Dervin)[63]、埃里克森与杨(Ericksen and Yancey)都发现,弱势人群的社会网络主要由强连带构成;贝格斯(Beggs)[64]发现,农村地区的社会网络表现出规模小、强连带多、同质性高(即节点的特征相似)等特点;赫斯伯格(Hersberger)[65]发现,无家可归者的社会网络具有规模小、密度低的特点,他们的交往过程也表现出较显著的自我保护、保密、欺骗、情境化信息判断等特征。根据格兰诺维特等人的理论判断,这一切意味着弱势群体的社会网络中嵌入了高度冗余的有限的信息资源。由于弱势人群比其他人群在更大程度上依赖人际关系作为信息获取渠道[莫科(Mooko)有关博茨瓦纳农村妇女信息行为的研究[66]、斯宾克与科尔(Spink and Cole)关于低收入黑人社区信息行为的研究都显示了这种倾向[67]],社会网络在信息贫困与分化中似乎扮演着自相矛盾(paradoxical)的角色:一方面,它是弱势人群获取信息的重要途径,可以在一定程度上弥补他们对其他信息获取渠道使用的不足;但另一方面,弱势人群的社会网络又具有天然的信息劣势而且很难从其他渠道得到弥补。这种两难境地意味着,对弱势人群而言,社会网络的信息劣势或许在更大程度上决定他们在信息不平等中的总体劣势。

2.6 意义建构理论

意义建构理论(Sense-Making)是20世纪70年代末由美国学者德尔文(Dervin)及其同事发展的传播学理论,在图书馆与情报学领域也有广泛应用——在这里它被视为20世纪80年代以来最有影响的信息行为理论之一。与以往的传播学和信息行为理论相比,意义建构理论的主要创新之处在于,它对信息、信息交流、信息利用都做出了基于建构主义的阐释。首先,它认为信息不是独立于个体的客观存在,而是一种主观建构。一本书、一篇文章、一条短信并不承载确定的客观化的信息;它承载的是作者的建构,传递的是读者的建构。其次,它认为信息的交流过程也不是从信源经信道到信宿的"物流"过程,而是一个由信息接受者积极参与的建构过程。信息接受者在这个过程中投入了自己的知识、经验、判断甚至情感,这一切不仅塑造了信息传递的过程,也重新建构了信息本身。再次,它认为信息的利用过程也不是信息接受者按预设方式"解码"信息、提取意义的过程,而是信息利用者解释信息、赋予意义的过程。此外,意义建构理论还认为,实在(reality)不是绝对的和恒定不变的,而是随时空变化而具有间断性(discontinuity);个人在任何时空点上对实在的认识也不是连续完整的,而是充满了空白点。因此,人在理解世界、维持存在的过程中就需要不断填补这些空白。获取和利用信息的过程就是填补一个又一个空白的过程。

不难理解,由于意义建构理论强调信息交流过程中的主观、个体、差异、情境等因素,它的概念体系与信息分化和贫困研究的话语之间存在很多不谐之处。"贫困"隐含了一种强加于信息主体的客观状态,一种"被剥夺"的状态;"分化"隐含了被比较的两端,而且隐含了客观比较的可能性。但这些隐含的寓意正是意义建构理论所要摒弃的。正因为如此,德尔文曾明确拒斥将信息不平等现象当作有意义的研究命题[68],呼吁相关研究兴趣从社会学意义的"信息不平等"(information inequality)转向意义建构论中的"信息空白"(information gap)。德尔文这篇否定信息不平等研究意义的论文,或许正是意义建构理论在很长时间内不太关注信息不平等问题的原因。

然而,否认存在客观化的信息状态(包括信息贫困状态)与否认"信息不平等"作为有意义的研究命题是完全不同的两件事情。即使信息是一种主观建构,即使信息获取和利用构成意义建构的组成部分,不同群体在获取信息、利用信息、建构意义的过程中依然难免出现差异或"不平等"。按照意义建构理论的概念体系推论,我们至少可以将信息贫困大致理解为一部分人不能有效获取和利用信息以填补意义建构的空白,而将信息不平等理解为不同人群在信息获取、信息利用、填补空白等方面的能力差距。事实上,这种差距已经被同样认同建构主义立场的查特曼(Chatman)所证明(如前所述,查特曼发现,小世界的意义建构过程与外部世界的意义建构过程显著不同)。关注这种差距无疑可以挖掘意义建构理论对信息贫困与信息分化研究的价值。德尔文因否认信息的客观性而拒斥信息不平等研究,颇像把孩子与洗澡水一起倒掉的做法。值得注意的是,她在后来的研究中也开始关注这种差距。她在一项基于意义建构理论的信息不平等研究中[69],剖析了信息系统加剧信息不平等的趋势,指出:现有信息系统的设计多以市场为导向,主要瞄准有能力购买和操作这些系统的人群,力求满足这部分人群的信息需求和使用习惯,据此设计的系统经常无助于弱势人群的意义建构;因此,技术的进步和系统的完善事实上都在不断改进主流人群的信息获取能力,加剧他们与弱势人群的信息不平等。

3 信息不平等研究中的结构与能动性之分

在社会科学特别是社会学研究中,社会结构(social structure)和能动性(agency)互为对立面。从最广泛的意义上理解,社会结构是指那些使社会生活得以进行、社会组织得以实施、社会过程成为可能的宏观性、整体性秩序,例如,阶级、宗教、性别、政治制度、民族、文化传统等秩序。能动性是指个人行动者自主判断、选择、行动及实施变化的能力。对社会结构与能动性的态度一直是整个社会科学,特别是社会学理论的分水岭。围绕社会结构和能动性关系的争论几乎伴随了整个社会科学发展的历史。这个争论的焦点是:究竟是社会结构决定了个人行动还是个人行动决定社会结构。

从马克思、涂尔干到20世纪40年代的结构功能主义都强调社会结构的决定作用。这种学术传统认为,社会结构是在人类实践中自然发生的,社会结构一旦形成,就成为独立于个人的存在,具有独立于个体的性质、动力和发展逻辑。正因为如此,社会结构与个体构成一对相互对立的关系,其中社会结构占主导地位,决定个人的行为。因此,个人行动只有置于社会结构中才能得到理解。与这一学术传统相反,从齐美尔、韦伯到当代的符号互动论和常人方法学都强调个人的建构作用,认为不是先在的固有的结构决定了人的行动,而是人通过活动创造了社会的结构,所以,社会的本质只有从行动者及其行动中才能得到理解[70]。

上一节的粗略综述已经显示,关于社会结构和能动性的分歧同样贯穿了信息不平等研究。该领域的结构决定论以信息政治经济学和早期的知识差距理论为代表。在信息政治经济学者看来,当代社会信息不平等的根本原因在于媒介所有权的集中、信息生产的垄断、信息的商品化、收入差距的拉大等宏观因素。在这些因素的作用下,那些在政治、经济、社会分工等方面占据优势地位的人也取得了在信息市场上的优势。在早期的知识差距学说看来,当大众传播系统的信息增加的时候,一个人在社会结构中的位置将决定他(她)接受这些信息的程度。

在上述有关信息不平等现象的解释中,还隐含了结构决定论的另外一个重要思想:由于信息不平等是结构的产物,因此除非改变社会结构,个人对信息贫困与不平等无能为力。这并不是说绝对不会有任何个人可以逃脱信息贫困的束缚,从而成为跨越鸿沟的侥幸者;而是说,个人的建构力量不足以抗衡结构的控制力量,因而不可能通过个体的建构产生出以信息平等为特征的新结构。

信息不平等研究中的主体建构论以小世界理论、部分知识差距学说和部分创新扩散理论为代表。小世界理论认为,"小世界"具有独特的文化特征和社会规范,甚至具有独特的语言和风俗习惯,这些特征影响着社区成员对信息需求的感知、对信息渠道的选择以及对信息价值的判断,从而决定着他们在信息不平等中的位置;这也就是说,个体在与其他人的交往中建构了自己的行为模式,同时也建构了自己在信息不平等中的位置。强调能动性的知识差距学说认为,个人兴趣和动机是导致知识差距的主要原因,当特定知识通过大众传媒在特定人群中传播的时候,对它持有同等兴趣的人群不会出现知识差距,持有不同兴趣的人群则会出现知识差距。这种学说事实上否认存在系统化的(systematic)知识差距,因为根据这种理解,一个人在此时(兴趣不足时)可能成为某种信息的迟缓接受者,但彼时(兴趣强烈时)也可能成为另外一种信息的迅速接受者。强调能动性的信息技术扩散研究虽然承认存在系统化的数字鸿沟——即某些人总是比其他人更有可能成为信息技术落伍者,但却认为,个人之所以成为信息技术的落伍者,在很大程度上取决于他们的兴趣、动机、媒介选择倾向等个性特征。从表面上看,注重能动性的视角是把信息不平等的主要原因归于个体行为,但它也把改变这种现实的希望留给了个人能动性。

社会网络分析在上述分野中的立场比较复杂。社会网络分析因为关注社会交往关系而关注由此产生的结构,但这种结构是通过个人的社会交往建构出来的结构;也就是说,在社会网络分析看来,是个人的社会交往行动而不是先在的秩序性因素决定了他(她)在社会结构中的位置。因而,从本质上说,社会网络分析的视角是一种强调主体建构性的视角。

4 结构与能动性的互动:信息不平等理论的盲点

上述分析显示,现有信息不平等研究基本延续了整个社会科学领域的理论分野,特别是社会结构与能动性之间的分野。强调结构决定作用的信息不平等研究关注政治、经济等宏观因素对信息生产、拥有、获取、利用的决定作用,从而将信息不平等的最终原因归于社会结构因素。强调能动性的研究关注个人活动的微观因素,认为将信息不平等归因于结构因素是一种简单的经济决定论,这样的经济决定论由于忽视主体能动性往往陷入悲观主义。

事实上,即使是最坚定的主体建构论者也不会断然否认主体生活在社会结构之中并受到它的影响,例如,德尔文在后期的研究中已经开始注意结构性因素在意义建构中的作用;同样,即使是最极端的结构决定论者,也不会绝对否定主体具有反作用于结构的能动性。问题是,在信息不平等问题上,结构与能动性究竟通过怎样的互动最终决定了个人的信息贫困状态?在这个问题上,无论是强调结构的理论还是强调主体能动性的理论,都无法提供令人满意的答案。

截至目前,很少有研究同时考察结构与能动性两类因素。现有的极少数此类研究大致可以分为两组。一组是通过多变量分析(multivariate analysis)建立经验模型的研究(这类研究在信息技术扩散研究中比较常见)。例如,谢莉(Shelley)等在其有关数字化政治参与的模型中就同时考虑了被调研者的社会及人口特征、技术态度、信息技术利用习惯等变量[71]。这类研究的特点是沿袭自然科学的传统,把可能的影响因素视作自变量,把信息技术的使用或其他信息能力视作因变量,在数理统计的基础上建立反映自变量和因变量关系的计量模型。由此建立的模型虽然同时纳入了结构与能动性因素,但离解释它们之间复杂的交互作用还相差很远。首先,即使是同时考察多元变量的模型,也无法解释研究对象在特定因变量(如信息技术利用)上的全部差距,例如,谢莉的研究虽然同时考虑了被调研者的社会及人口特征、技术态度、信息技术利用习惯等变量,但最后的模型只能解释56%的数字化政治参与差距,这意味着,影响数字化政治参与的很多因素依然是未知的。其次,为了简化计算,很多模型会首先假定结构因素(如收入)和能动性因素(如动机和其他心理因素)相互独立,这意味着,构建模型的需要甚至可能连这两种因素交互作用的可能性都化约掉,更不用说试图去解释它了。再次,多变量分析揭示的是各种变量的一般作用,抽象掉了情境因素的作用,但在很多情况下,我们更感兴趣的是:什么样的情境可以改变不同变量之间的相对作用力,使之产生我们期望的交互作用。例如,假定一种模型显示,变量A可以解释

20%的信息不平等,变量B解释10%的信息不平等,那么,这个模型只能告诉我们,在统计学意义的"一般情况下",变量A在更大程度上影响信息不平等的存在,但它无法告诉我们什么样的情境可以削弱变量A的影响力。正如很多研究已经批评的那样,用自然科学的思路来模型化复杂的社会现象,这本身就是一种简单化处理[72],不能期待这样的思路解释结构与主体能动性之间复杂的交互作用。

另外一组同时考虑结构与能动性因素的研究是试图通过演绎或推理建立理论模型(假设性模型)的研究。一些学者不满于现有信息不平等研究(特别是数字鸿沟研究)对复杂现实的简约化处理,提出了多维度、多因素的复杂模型。例如,M.C.金和J.K.金(Mun-Cho Kim & Jong-Kil Kim)将数字鸿沟界定为多维度、分阶段演化的现象,其维度包括:媒介获取(media accessibility)、信息利用(information mobilization)、信息意识(information consciousness),其演化阶段包括:机会鸿沟(opportunity divide)、利用鸿沟(utilization divide)、吸收鸿沟(reception divide);随着数字鸿沟从一种形态转化为另一种形态,不同影响因素的作用就会显现[73]。与此相似,德汉(de Haan)将数字鸿沟界定为由动机、占有、数字技能、利用模式四方面构成的复合体,而这一复合体又是由个体特性(性别、年龄等)、情境机会(在就业市场上的位置、家庭状况、教育系统)、资源(物质资源、认知资源、社会资源、时间资源)共同决定的[74]。上述理论模型无疑比大多数经验模型复杂,但它们离解释结构与能动性因素的交互作用同样相差很远。这不仅是因为这些模型并没有专门考虑结构与能动性的交互作用问题,而且因为它们都停留于假设性模型的阶段,未经检验。

上述研究现状决定,在结构与能动性之间,存在一条尚未跨越的理论鸿沟:现有信息不平等研究要么只解释结构的决定作用,要么只解释主体的建构作用,要么在假定各类因素相对独立或平行的前提下分别解释它们的作用力。理论鸿沟的存在限制了两边的视野,也削弱了双方的解释力。一旦我们试图用这些理论去解释现实世界的复杂问题(例如,一个农村社区从相对封闭状态转变为高科技企业的过程伴随着怎样的信息脱贫历程？为什么有些不足小学文化水平的农民能够克服其智力水平和信息设施等局限,有效获取和利用信息,而他们的同伴却不能？),我们就会发现,即使我们把所有理论叠加,依然无法得到有效解释。解释力的不足,不仅暴露了现有信息不平等研究在理论上的缺陷,还不可避免地影响到相关研究的决策支持效果,导致现有研究在为政府提供决策建议时,经常顾此失彼,甚至相互冲突。例如,戈尔丁（Golding）与默多克（Murdoch）以信息政治经济学为基础提出了革新信息交换和分配制度的主张；斯宾克（Spink）和科尔（Cole）以小世界交流理论为基础提出了变革信息包装及信息传递模式的建议；赫斯汀（Hernstein）和穆雷（Murray）则以知识差距理论为基础,提出了"知识差距主要取决于个人的内在认知能力"的观点,认为政策无法干预[75]。片面的甚至相互冲突的政策建议不仅给政策制定者造成了甄别和选择困难,更严重的是,它们有可能引导那些不善甄别的政策制定者做出不当的选择。

5 走向整体性研究

结构与能动性的关系问题是很多社会科学领域根深蒂固的理论分界线。但过去二三十年,整个社会科学领域理论创新的突出趋势之一就是试图消除这两者的对立,对社会现象做出整体性解释。法国学者布迪厄（Bourdieu）、英国学者吉登斯（Giddens）的社会学理论都可以看成是这种努力的代表。布迪厄的理论通过惯习、场域、文化资本、社会资本等概念,解释了结构与主体之间相互决定和转换的机制。其中惯习是处于特定社会结构的人所具有的习性、倾向、旨趣等,代表着主体的能动力量；场域是社会活动的领域（如学术界就是一个场域）,是个人在被社会角色界定的位置上竞争社会资源的空间,代表着客观的外部社会结构。惯习是人们在适应场域的要求的过程中逐渐形成的,但它一旦形成,就系统地、连贯地决定着一个人的行为方式,赋予特定情境下的个人行为以必然性,从这个意义上说,惯习本身就是一套具有特定结构的系统,是外部的客观社会结构在个体身上的内化。由于惯习是在适应场域要求的过程中逐渐形成的,因此,它对场域(外部社会结构)具有适应、维持和再生的内在倾向。场域和惯习的关系就代表了结构与主体相互决定、相互作用的关系。吉登斯的理论则通过结构的"二重性"解释了结构与主体的互动。根据吉登斯的定义,结构是跨越时空的行动者在互动情境中利用的规则和资源[76],因此,它不是独立于行动者及其行动,而是内在于行动之中。它作为规则和资源既制约着行动者的行动,又通过行动者的行动得以维持、改变、再生产;它既是行动的组织者,又是行动的结果。

在图书馆与情报学领域,结构与能动性的关系问题也是信息行为研究、信息不平等研究无法回避的问题。与信息不平等研究相比,信息行为研究较早试图把宏观因素(如经济环境)和微观因素、结构性因素和能动性因素纳入同一个理论架构中,例如,威尔逊(Wilson)1981年的信息行为模型已经同时包含了宏观(政治、经济)、中观(工作环境)和微观(生理、情感、认知)层次的因素。该模型显示,一个人的信息行为受信息需求的驱动,而信息需求主要来源于三种更广泛的需求:生理需求、情感需求、认知需求,这三种需求又受到工作角色、工作环境、社会文化环境、政治经济环境、物理环境等的影响[77]。虽然这个模型没有具体说明各层次变量之间交互作用的机理(如政治经济环境如何影响生理需求、情感需求和认知需求),但它毕竟尝试着将个人的信息行为解释为宏观因素和微观因素综合作用的结果。20世纪90年代,萨沃莱宁(Savolainen)借鉴布迪厄的惯习概念,提出了"生活方式"(way of life)和"生活能力"(mastery of life)的概念,用以解释个体的信息行为。"生活方式"指个人赋予不同生活内容(工作、休闲等)的优先次序,"生活能力"指个人在生活中保持这个优先次序的能力;萨沃莱宁对一个较小样本的观察显示,个人在阶级结构中的位置一定程度上影响其生活方式和生活能力,生活方式和生活能力又在一定程度上影响个人的信息行为[78]。

信息不平等研究是图书馆与情报学、传播学、社会学等的交叉领域,可以从这些学科吸收最新理论,但截至目前,信息不平等研究对上述领域(特别是社会学)的整体性研究趋势还显得无动于衷。因此,结构性因素与能动性因素如何相互影响并共同决定信息不平等和信息贫困现象,依然是该领域的空白。如果该领域的理论构建要更贴近现实,如果它希望对政策的制定和问题的解决产生更强的指导意义,那么,填补这个空白将是一个非常值得尝试的理论转向。

参考文献

1　Childers T. The information poor in America. Lanham, MD: Scarecrow, 1975
2　于良芝. 理解信息资源的贫富分化: 国外"信息分化"与"数字鸿沟"研究综述. 图书馆杂志, 2005, 24(12): 6-18
3　Lievrouw A, Farb Sharon E. Information and equity. Annual review of information science and technology, 2003(37): 499-540
4　Knorr-Cetina K, Clcourel A V(eds). Advances in social theory and methodology: Toward an integration of micro-and Macro-Sociologies. Boston: Routledge & Kegan Paul, 1981
5　Mosco Vincent. Dinosaurs alive: Toward a political economy of information. Canadian Journal of Information Science, 1992, 17(1): 41-51
6　Mosco Vincent. The political economy of communication: Lessons from the founders//Babe Robert E. Information and communication in economics. Boston: Kluwer Academic Publishers, 1994: 105-123
7　刘晓红. 大众传播与人类社会——西方传播政治经济学的诠释(博士学位论文). 上海: 复旦大学, 2003
8　Mosco Vincent. The political economy of communication: Rethinking and renewal. London: Sage Publications, 1996
9　Schiller Herbert. Information inequality: The deepening social crisis in America. New York: Routledge, 1996
10　Schiller Dan. Ambush on the i-way: Information commoditization on the electronic frontier. Paper presented at the BCLA Information Policy Conference, 1995, Oct 27th-28th. [2009-07-01]. http://www.vcn.bc.ca/bcla-ip/committee/

dschill2. html

11 Golding P, Murdock G. Digital divide: Communications policy and its contradictions. New Economy,2001,8(2):110-115

12 Golding Peter. The communication paradox: Inequality at national and international level and the communications media. Paper presented at the International Conference on Communication and Development in a Postmodern Era: Re-Evaluating the Freirean Legacy, University Sains Malaysia, Penang,1993,December 6th to 10th

13 Golding P. Power in the information society//Musken G (eds.). Global networks and european communities: Applied social and comparative approaches. Tilburg: Tilburg University Institute for Social Research,1986:72-84

14 Murdock G, Golding P. Common markets: Corporate ambitions and communication trends in the UK and Europe. Journal of Media Economics, 1999, 12 (2): 117-132

15 Zhao Yuezhi. Universal service' and China's telecommunications miracle: Discourses, practices, and post-WTO accession challenges. Info,2007,9(2/3):108-121

16 Doctor R D. Information technologies and social equity: Confronting the revolution. Journal of the American Society for Information Science,1991,42(3):216-228

17 Doctor R D. Seeking equity in the national information infrastructure. Internet Research,1994,4(3):9-22

18 Birdsall William F. New deal' for libraries in the digital age?. Library Trends 1997,46(1):52-67

19 Birdsall William F. The digital divide in the liberal state: A Canadian perspective. First Monday,2000,5(12)

20 Schiller Herbert I, Schiller Anita. Libraries, public access to information and commerce//Mosco V, Wasko J (eds.). The political economy of information. Madison, Wisconsin: The University of Wisconsin Press,1988:146-166

21 Silver Hilary. Social exclusion and social solidarity: Three paradigms. International Labour Review,1994,133(5/6):531-578

22 Caidi Nadia, Allard Danielle. Social inclusion of newcomers to Canada: An information problem. Library & Information Science Research,2005,27:302-324

23 熊光清. 欧洲的社会排斥理论与反社会排斥实践. 国际论坛,2008,10(1):14-18

24 Barry Brian. Social exclusion. Social Isolation and the Distribution of Income, 1998. [2009 - 06 - 20] http://sticerd.lse.ac.uk/dps/case/cp/Paper12.pdf

25 Castells Manuel. Information technology, globalization and social development. UNRISD Discussion Paper No. 114, 1999. [2009 - 06 - 30]. http://rmportal.net/library/II/general-information-on-the-topic-social-development/dp114.pdf/view

26 Mossberger K, C J Tolbert, M Gilbert. Race, place and information technology. Urban Affairs Review, 2006, 41:583 - 620

27 Mossberger K, David Kaplan, Michele A Gilbert. How concentrated poverty matters for the "digital divide": Motivation, social networks, and resources. Paper presented at the 2006 Annual Meeting of the American Political Science Association, August 30 - September 3, 2006. [2009 - 07 - 1]. http://tigger.uic.edu/orgs/stresearch/Documents/APSAneorc06.pdf

28 Japzon Andrea C, Gong Hongmian. A neighborhood analysis of public library use in New York city. Library Quarterly, 2005, 75(4):446 - 463

29 Dutch Martin, Muddiman Dave. The public library, social exclusion and the information society in the United Kingdom. Libri, 2001, 51:183 - 194

30 Bishop Ann Peterson, Bazzell Imani, Mehra Bharat, et al. Afya: Social and digital technologies that reach across the digital divide. First Monday, 2001, 6(4)

31 Rogers Everett M. Diffusion of innovations. New York: Free Press, 2003:5

32 Social change. Encyclopædia Britannica, 2009. [2009 - 07 - 01]. http://www.search.eb.com/eb/article-222921

33 Yu Liangzhi. Understanding information inequality: Making sense of the literature on information and digital divide. Journal of Librarianship and Information Science, 2006, 38(4):229 - 252

34 National Telecommunications and Information Administration (NTIA) and Economic and Statistics Administration (ESA). Falling through the net: Toward digital inclusion. A Report on Americans' Access to Technology Tools, 2000. [2005 - 10 - 30]. http://search.ntia.doc.gov/pdf/fttn00.pdf

35 Martin Steven P, Robinson John P. The income digital divide: An international perspective. IT & Society, 2004, 1(7):1 - 20

36 Crump B, McIlroy A. The digital divide: Why the "don't-want-tos" won't compute: Lessons from a New Zealand ICT project. First Monday, 2003, 8(12). [2005 - 04 -

09]. http://firstmonday.org/issues/issue8_12/crump/index.html

37 Katz J E,Aspden P. Motives,hurdles,and dropouts:Who is on and off the internet, and why. Communications of the ACM,1997,40(4):97-102

38 Dutta-Bergman Mohan J. Beyond Demographic variables:Using psychographic research to narrate the story of internet users. Studies in Media & Information Literacy Education,2002,2(3).[2008-06-30]. http://www.utpress.utoronto.ca/journal/ejournals/simile

39 Tichenor P, Donohue G, Olien C. Mass media flow and differential growth in knowledge. Public Opinion Quarterly,1970,34(2):159-160

40 Gaziano C. The knowledge gap:An analytical review of media effects. Communication Research,1983(10):447-486

41 Gaziano E, Gaziano C. Social control, social change and the knowledge gap hypothesis//D. Demers, K. Viswanath(eds). Mass media, social control, and social change:A macrosocial perspective. Ames:Iowa State University Press,1998: 117-136

42,45 Ettema James S, Brown James W, Luepker Russell V. Knowledge gap effects in a health information campaign. The Public Opinion Quarterly, 1983, 47(4): 516-527

43 Donohue G A,P J. Tichenor C N Olien. Mass media and the knowledge gap:A hypothesis reconsidered. Communication Research,1975(2)3-23

44 Ettema J S,F G Kline. Deficits, differences and ceilings:Contingent conditions for understanding the knowledge gap. Communication Research,1997(4):179-202

46 Chatman E A. Life in a small world:Applicability of gratification theory to information-seeking behavior. Journal of the American society for information science, 1991,42(6):438-449

47 Chatman E A. The impoverished life-world of outsiders. Journal of the American Society for Information Science,1996,47(3):193-206

48 Chatman E A. A theory of life in the round. Journal of the American society for information science,1999,50(3):207-217

49 Pendleton Victoria EM, Chatman Elfreda A. Small world lives:Implications for the public library. Library Trends,1998,46(4):732-751

50 Pettigrew K E,Fidel R,Bruce H. Conceptual framework in information behavior.

Annual Review of Information Science and Technology, 2001(35):43-78

51 Savolainen R. The sense-making theory: Reviewing the interests of a user-centered approach to information seeking and use. Information Processing and Management, 1993,29(1):13-28

52 Haythornthwaite Caroline. Social network analysis: An approach and technique for the study of information exchange. Library and Information Science Research, 1996 (18):323-342

53 Granovetter Mark S. The strength of weak ties. The American Journal of Sociology, 1973,78(6):1360-1380

54,55,60,62 Granovetter Mark. The strength of weak ties: A network theory revisited. Sociological Theory, 1983(1):201-233

56 Davern Michael, Hachen J R, David S. The role of information and influence in social networks examining the association between social network structure and job mobility. American Journal of Economics and Sociology, 2006,65(2):269-293

57 Yakubovich Valery. Weak ties, information, and influence: How workers find jobs in a local russian labor market. American Sociological Review, 2005,70:408-421

58 Fine Gary, Kleinman Sherryl. Rethinking subculture: An interactionist analysis. American Journal of Sociology, 1979,85(1):1-20

59 Chubin Daryl. The conceptualization of scientific specialties. Sociological Quarterly, 1976, 17(4):448-476

61 Johnson Catherine A. Social capital and the search for information: Examining the role of social capital in information seeking behavior in Mongolia. Journal of The American Society For Information Science and Technology, 2007,58(6):883-894

63 Dervin Brenda. The U.S. low-income urban village: An information vacuum?. Literacy Discussion, 1973(4):237-250

64 Beggs J J, Haines V A, Hurlbert J S. Revisiting the rural-urban contrast: Personal networks in non-metropolitan and metropolitan settings. Rural Sociology, 1996,61 (2):306-325

65 Hersberger Julie. A qualitative approach to examining information transfer via social networks among homeless populations. The New Review of Information Behaviour Research 2003,4(1):95-108

66 Mook Neo Patricia. The information behaviors of rural women in Botswana. Library

& Information Science Research,2005,27:115 - 127

67　Spink A,Cole C. Information and poverty:Information seeking channels used by African American low income households. Library and Information Science Research,2001,23(1):45 - 65

68　Dervin B. Communication gaps and inequities:Moving toward a reconceptualization//B Dervin, M Voigt(eds.). Progress in communication sciences. Norwood, NJ:Ablex,1980(2):73 - 112

69　Dervin B. Users as research inventions:How research categories perpetuate inequities//Dervin B,Foreman-Wernet L.(with E Lauterbach)(eds.). Sense-Making Methodology reader:Selected writings of Brenda Dervin. Cresskill, NJ:Hampton Press,2003

70　彭化民,杨心恒. 社会学概论. 北京:高等教育出版社,2006

71　Shelley II Mack C,Thrane Lisa E,Shulman Stuart W. Lost in cyberspace:Barriers to bridging the digital divide in e-politics. International Journal of Internet and Enterprise Management,2006,4(3):228 - 243

72　Jones Bonna. Reductionism and library and information science philosophy. Journal of Documentation,2008,64(4):482 - 495

73　Kim M C,Kim J K.(2001)Digital divide:Conceptual discussions and prospect. Human Society and the Internet,Proceedings,2001:78 - 91

74　De Haan Jos. A multifaceted dynamic model of the digital divide. IT & Society,2004,1(7):66 - 88

75　Gaziano C. Forecast 2000:Widening knowledge gaps. Journalism and Mass Communication Quarterly,1997,74(2):237 - 264

76　文军. 西方社会学理论:经典传统与当代转向. 上海:上海人民出版社,2006

77　Wilson T D. On user studies and information needs. Journal of Documentation,1981,37(1):3 - 15

78　Savolainen Reijo. Everyday Life Information Seeking:Approaching Information Seeking in the Context of "Way of Life". Library and Information Science Research,1995(17):259 - 294

整体性社会理论及其对信息不平等研究的适用性
——以布迪厄的社会理论为例

1 前言

自现代社会科学产生以来,学术界对社会世界的认识就被分割为形形色色的对立视角。其中最根深蒂固的对立包括:宏观与微观(或社会与个人)的对立、社会结构与主体能动性的对立、客观与主观的对立。在宏观与微观(社会与个人)的对立中,一些学者认为,社会是一种客观存在,它独立于个体之外并凌驾于个体之上,无法化约为个体及其相互关系,因此,要认识社会及其变化,就需要把社会整体作为研究对象;而另一些学者则认为,只有个体及其行为才是客观存在,社会不过是个体及其关系的总和,因此,要认识社会,就需要研究个体及其关系,即把个体作为研究对象。在社会结构与主体能动性的对立中,一些学者认为,社会的整体结构及秩序决定个体行动,只有从社会结构入手才能理解个体的行动,因此社会结构具有优先的研究价值;另一些则认为,是个体对社会世界的感知以及对社会现实(social reality)的主观建构决定了他们的行动,而这些行动建立了社会的秩序性安排,即社会结构,只有从个体行动入手,才能了解社会结构,因此,个体行动具有优先的研究价值。在客观与主观的对立中,一些学者认为,社会现象的本质和社会变化的规律寓于社会事实之中,因此,社会科学家通过客观中立地观察社会事实,就可以像自然科学家发现自然规律那样去发现社会规律;另一些学者则认为,社会变化的动力寓于个人的主观感知和行动之中,因此,社会科学无法像自然科学那样去发现普遍的永恒的规律,只能尝试解释个人的主观感知及行动,而在这个过程中,社会科学家由于无法摆脱自己的主观感知因而也无法做到客观中立。

在很多社会问题(如社会不平等问题)面前,上述对立视角产生的理论都不可避免地暴露出解释力局限。关注社会整体及其结构的研究由于把个人行动归因于社会结构的决定作用,忽略行动及其情境对社会现实的影响,因而无法解释背离社会结构逻辑的现实,也无法解释社会结构在强制力缺失的情境下如何决定个体行动:人们在日常生活中并不总是感觉到社会整体加诸于他们的强制性力量,但这样一来,"个体的行为如何被决定?"就成了无法解释的问题。同样,关注个体及其能动性的研究由于把社会结构看成是个人交互行为的产物,忽略社会结构对个人的制约,一旦遭遇诸如以下诘问,就会陷入解释力危机:①人不是绝对自由的,不能完全自主地选择存在方式与行为方式,但如果个人连自己的存在都不能决定,如何决定社会?②在社会不平等问题上,究竟是社会结构对个体的不平等地位负责还是个人行为对社会的不平等结构负责?选择前者意味着滑入对立面的立场,选择后者则陷入"指责不幸者"的泥潭;对这个问题无论如何选择,都将令这一视角遭遇解释力尴尬。

20世纪70、80年代以来,鉴于社会科学的二元对立阻碍了我们对社会现实的全面认识,一些学者开始尝试对上述立场进行嫁接,对已有理论鸿沟进行弥合。法国社会学家布迪厄的理论、英国社会学家吉登斯的理论,就是在这种尝试中形成的整体性社会理论[1]。其中布迪厄的理论——它以场域、惯习、资本等概念解释了结构和能动性对社会实践的双重决定——尤其值得关注。这是因为,首先,布迪厄的研究把嫁接已有理论鸿沟作为基本使命和主要创新点,这使它比其他同类研究具有更系统的整体性理论目标及路线,因而具有更大的借鉴价值。其次,布迪厄的整体性理论已经在社会学、教育学、语言学、文化研究等领域获得广泛应用,这表明它对社会现象具有比较广泛的适用性。再次,布迪厄的很多研究选题都来自文化和教育,而这两个领域均与信息领域接近甚至交叉,这意味着布迪厄理论在信息领域具有特别的适用性。近年来,已有不少图书馆与情报学研究(特别是信息行为研究)开始运用布迪厄的概念,如惯习[2]、资本[3],进一步展示了布迪厄理论对图书馆情报学问题的特别适用性。

各种形式的信息不平等(信息穷人与富人的分化、信息贫困、知识差距、数字鸿沟等)被认为是信息社会的核心问题,自20世纪70年代以来已经成为众多学科关注的焦点。对这个领域进行的回顾和分析显示,截至目前,该领域已经形成了若干相对明晰的理论分野,这些分野不但继承了社会科学领域根深蒂固的二元对立传统,也体现了各自的解释力局限[4-5]。正是为了弥合已有理论之间的鸿沟,弥补其解释力局限,本文作者呼吁按整体性思路创新信息不平等理论。

本文以布迪厄的社会理论为例,展示整体性理论对社会不平等及其再生产的解释力,以此表明,按这种思路创新信息不平等研究,不仅是有价值的,而且是可行的。

2 布迪厄整体性社会理论及其对社会再生产过程的解释

2.1 布迪厄整体性社会理论的主旨及研究路线

自孔德至20世纪中叶,社会学经过涂尔干、韦伯、马克思、齐美尔、帕森斯等杰出学者的研究,为人类知识体系贡献了众多理论和思想,大大改善了人们对社会领域的理解。然而,在布迪厄看来,这些理论都因为受到整个社会科学领域对立性立场的困扰,而具有先天的不足,以至于无法全面解释社会现实;而在危及这些理论解释力的各种二元对立中,客观主义与主观主义的对立危害最大,也最需破除。布迪厄因此把消除客观主义与主观主义的对立、重新解释社会现象及社会历史运动的奥秘,确立为其研究活动的主要目标,即"我从事研究的最坚定(也是最重要)的意图就是克服[客观主义与主观主义的对立]"[6]。

布迪厄把涂尔干的社会学看成是客观主义的典型代表,把舒茨的符号交往理论看成主观主义的典型代表。涂尔干的社会学以"社会事实"(social facts)为研究对象,并认为社会事实具有独立于人的意识并从外部对人的行为形成强制性约束的特征,这使它可以像物质一样被客观考察。涂尔干同时认为,决定社会生活的那些深层原因寓于客观的社会事实之中,而不是存在于社会成员对世界的认知之中。所以,要揭示社会生活的深层原因,就必须客观地观察社会事实,发现寓于其中的规律。舒茨的符号交往理论则相反,它认为,社会科学要研究的社会现实(social reality)对于生活于其中的个人而言具有特定的意义,因为他们所体验的社会现实其实是经过他们自己的视野、感知、认知等筛选并建构的现实;正是这种建构的现实决定了人们的行动,所以社会科学的任务应该是解释行动者对现实的建构或解释,社会科学理论是"解释的解释"[7]。

布迪厄的理论既不同于涂尔干代表的客观主义,也不同于舒茨代表的主观主义。在一次学术演讲中,他对喜欢理论标签的美国同行说,如果一定要命名他的理论视角,那么可以把它称作结构主义的建构主义或建构主义的结构主义。说他的理论是结构主义的,是因为他相信在社会世界中存在各种客观结构,它们独立于主体(agents)的意识和意志;说他的理论是建构主义的,是因为他认为无论是行动者对社会现实的建构,还是独立于他们意识之外的客观社会结构,都有双重的起源,即它们一方面受到意识之外的客观因素的作用,另一方面受到认识及行为的塑造。

布迪厄希望通过他的"结构主义的建构主义"或"建构主义的结构主义"揭示他所说的"双重起源"及其作用机理,从而对社会现实做出更全面而真实的解释:不仅要解释"双重起源"如何赋予社会以客观的结构、逻辑、秩序,使之成为独立于个人的实在,还要解释它们如何维持了社会结构与秩序的不断再生产;不仅要解释社会成员(包括统治者和被统治者)如何能动地建构社会现实,还要解释这种能动性的客观基础。布迪厄本人这样归纳他的理论的核心思想:

> 一方面,在客观主义的层面上,社会学家排除了[行动者]的主观表征而建构出来的客观结构,形成了这些表征的基础,以及互动时的结构性限制;但是,另一方面,特别是在说明那些企图改变或保留这些结构的个人或集体的日常斗争时,必须将这些表征纳入考量。这意味这两种层面——客观的与主观的——乃是位于辩证的关系之中。因此即使分开来看时,[我所分析的]主观主义的层面似乎很接近互动论或民俗方法论的分析,它们之间仍有极大的差异。我掌握观点的方式,就是把观点跟它们在[行动者]之结构(structure of agents)中所占有的位置联系起来。[8]

在此基础上,布迪厄还要回答一个被其他社会学家经常忽略的问题:为什么那些处于社会底层的被统治者会安于自己的位置并对这个位置产生归属感(sense of place)?布迪厄认为,这种归属感让人们把不公正的社会关系当成是理所应当和天经地义的,即产生出对社会现实的"错误意识"。布迪厄认为,社会学的任务之一就是显示人们对社会关系的误识,帮助建立起真正平等的社会关系,促进人类解放。

为了实现上述理论目标,布迪厄首先在研究对象的选择上与客观主义和主观主义决裂。布迪厄认为,无论是客观主义还是主观主义研究,其对象的选择都遵循实体论者(substantialists)的思维方式,即把那些可以直接感觉的事物作为研究对象;而要实现客观主义和主观主义的嫁接,社会学的研究对象需要从实体转向"关系"。布迪厄所说的关系是指社会成员在社会中占据的位置以及他(她)与其他位置之间的远近亲疏。他把社会类比成空间,把个人在社会中的位置类比成空间上的点。彼此相近的点较之其他较远的点,更可能具有相同的可支配资源、机会、志趣、特点,更容易形成群体或阶级。因此,在具体的研究过程中,研究者需要结合个体在社会空间中所处的位置来观察他们的实践。他本人对社会成员文化品位的研究就是如此实现的,即结合人们占有的社会空间位置观察他们的文化消费实践[9]。

布迪厄同时还在研究方法上有别于客观主义与主观主义。客观主义研究多采用以数理统计为基础的定量方法,主观主义多采用以解释为基础的定性方法。布迪厄则互补性地采用这两种方法:先通过统计揭示社会结构的存在,然后通过深入的定性研究考察行动者的性情倾向,这种性情倾向与个人在社会结构中所处位置的关联以及它们对行动的决定。布迪厄认为,规范的研究离不开这两个步骤。

2.2 整体性理论的支柱概念之一:惯习

布迪厄的"惯习"概念和"场域"概念是布迪厄整体性理论的基本概念。其中惯习(habitus)也译作习性,指处于特定社会结构的人所具有的性情、倾向等。布迪厄为这个概念提供的规范定义是:"持续的、可以转换的倾向系统。它把过去的经验综合起来,每时每刻都作为知觉、欣赏、行为的母体发挥作用,依靠对于各种框架的类比性的转换(这种转换能够解决相似地形成的问题),习性使千差万别的任务的完成成为可能。"[10]举例来说,决定一个人喜欢流行小说甚于经典小说、喜欢摇滚乐甚于交响乐、喜欢啤酒甚于香槟的好恶倾向是惯习;决定一个人在觥筹交错或槟香酒影的聚会中不知所措的知觉倾向是惯习;决定一个人在愤怒时破口大骂的行为倾向也是惯习。由于惯习的存在,喜欢流行小说的人更有可能喜欢摇滚乐而不是交响乐,喜欢摇滚乐的人更有可能喜欢啤酒而不是香槟。

个人的性情、倾向、旨趣等毫无疑问是一种心智性存在——人的性情通常被视为其心理特征的组成部分,但布迪厄却强调它植根于人们在社会结构中所处的位置。位置的不同意味着可支配的资源、机会、权力不同,这种不同又造成个人对可能之物和不可能之物、可能之行动与不可能之行动的知觉。一个人长期处在特定的位置上、受特定的客观条件限制,感受特定的知觉,就会逐渐产生与这种位置和条件相适应的性情与倾向。因而归根结底,惯习是由社会结构决定的,也正是在这个意义上,惯习被看成是"被结构化的结构"(structured structure),或者被看成是外部的客观结构在个体身上的内化[11]。

尽管惯习归根结底受客观社会结构的决定,但它一旦形成,就具有很强的能动性。惯习的能动性首先表现在,它系统地、连贯地"指挥"着个人的行为方式,从而使特定情境下的即兴选择和行动不仅成为可能,而且"合乎情理"。例如,一个人走进由不同地位的人组成的会场,他不需要事先对所有人进行座次排列,就能找到适合自己的位置,而这个位置在别人看来也多是合乎情理的。在布迪厄看来,一切本能而合乎情理的选择都源于惯习的"指挥"。正是由于惯习具有自然地产生"合乎情理"的行动的能力,所以,社会科学才可能在那些既非处处刻意遵循规则规范,也非时时计算利益得失的日常行为中,观察到符合统计学模式的规律;也正因为如此,社会科学探寻社会现象规律的研究,才成为有意义的努力。惯习的能动性还表现在,它并非完全被动地、单向地受社会结构的决定,而是具有积极地再生产社会结构的能力。这是因为,惯习是在适应客观条件的过程中逐渐形成的,因此,它与生成它的客观条件具有天然的默契,倾向于产生符合客观条件的行动。例如,一个贫困家庭的孩子由于没有条件经常出入歌剧院和音乐厅,也就很难形成对这些艺术形式的喜爱,而由此形成的文化消费行为也往往与奢侈、高端、阳春白雪无涉。正是由于惯习的上述能动性,它也被看成是"具有结构能力的结构"(structuring structure)[12]。

2.3 整体性理论的支柱概念之二:场域

布迪厄将他的场域概念定义为:"位置之间客观关系的网络或架构(configuration)。这些位置的存在以及它强加于位置占有者、行动者及机构的决定作用,是由它们在各种权力(或资本)的分配结构中的当前和潜在情境而客观地界定的——对权力或资本的拥有决定位置占据者在该场域中获利的能力,也是由它们与其他位置之间的客观关系(统治、从属、同一等)而界定的。"[13]斯沃茨对这一定义的比较通俗的诠释是:"场域是指生产、流通和挪用物品、服务、知识或社会地位的领域以及其中的竞争性位置,这些位置的占有者为了积累和垄断以上各类资本在这些领域进行着争斗。"[14]瑞泽尔的解释是,"场域是由占据不同位置的人(作为个人或者集体)构成的斗争领域,这种斗争的目的是捍卫或改善位置占据者当前的位置";它也可以看成是"由位于其中的客观位置构成的关系网"[15]。按照这样的理解,任何把人分为不同位置(如教授、副教授、讲师等),并见证他们在各自的位置上竞争彼此认同的资本(财富、知识、社会地位等)的领域,都可以看成是场域。因此追逐统治权力的政治领域是一个场域,追逐利润的企业界是一个场域,追逐符号资本或文化资本的学术界也是一个场域。

构成场域的各种位置因其占有的资源或资本的不同而形成不同的关系架构:总有一些位置因占有更多资本而位于其他位置之上,一些位置因占有较少的资本而位于其他位置之下,也有一些位置因占有大致相同的资本而处于平行的位置上;与此相适应,总有一些位置因不肯失去现有资本而天然地处于"守卫"位置,也有一些位置因不满现有资本拥有量而天然处于"进攻"位置。位势最高的位置不仅拥有远远大于其他位置的资本,而且拥有界定什么是本领域最重要资本的垄断权力。例如,在学术界,部分研究者不仅拥有超过其他研究者的知识资本,而且拥有决定什么是最重要的"学术贡献"或"学术价值"的权力;在文学艺术创作领域,一些创作者不仅具有更多的文化资本,而且具有决定什么是好的艺术表现形式的垄断权力。因此,资源和权力在不同位置上的分布决定人们要为竞争这些资源而斗争;每个场域都是社会行动者竞争社会资源的结构化领域。

在这样的结构中,要理解每个位置上的行动者的实践,就必须把这个位置和其他位置联系起来考察。例如,一个社会学研究者观察到日常生活中的部分人喜欢吃油腻食物,这种观察本身没有意义,但如果他观察到喜欢这种食物的人大都是社会底层的成员,而喜欢吃清淡食物的人大都是上流社会的成员,而且上流社会的喜好被大多数人定义为高雅喜好,底层人群的喜好被界定为粗俗喜好,这种观察就有了更大的意义。

2.5 整体性理论对社会不平等及其再生产的解释

在布迪厄的社会学理论中,"惯习"和"场域"由于分别指向两个相互依存的"事物"而成为一对概念。惯习和场域之间不可分割、相互依存的关系表现在:首先,场域是由行动者占据不同的位置而构成的,其中行动者与惯习不可分割,而场域与行动者不可分割,因此,由行动者占据不同位置构成的场域也可以看成是由惯习占据不同位置而构成的。不同的惯习在各自不同的位置上,采取不同的策略和行动,支撑了场域的存在。以学术场域为例,教授及其惯习、副教授及其惯习、讲师及其惯习共同构成了学术场域;没有上述行动者及其惯习,学术场域就不可能存在和维持,而没有学术场域,也就不可能有教授等位置及惯习。其次,场域作为客观的社会结构,通过因位置而异的资源分布、机遇和条件,塑造着行动者的惯习,形成与客观结构相对应的性情倾向(dispositions)。再以学术场域为例,学术地位的不同决定,一个教授倾向于把申请高端或高难度的项目视为天经地义,而一个讲师则会把奢望这类项目视为匪夷所思,不管他们的实际能力如何。此外,惯习通过引导和派生与客观条件相符的感知、选择、行动,维持和再生产场域的结构[16]。

正是通过这样的相互作用机理,惯习和场域共同生产和再生产着社会不平等。布迪厄曾通过对文化鉴赏现象的研究揭示了社会不平等的再生产。这一研究显示,不同阶层的人占据不同的社会位置,他们在客观上受到那个位置可支配资源的限制,在主观上受到社会分类体系(如把人分为贵族的、小资的、大众的;把文化艺术品分为高雅的和粗俗的)的意识建构,结果就会形成与那个位置相对应的惯习。因此,位置相同的人其惯习也大致相同,位置悬殊的人其惯习也迥异,客观的社会结构也就因此主观化为内在的惯习结构。不同的惯习又产生不同的审美判断、喜好倾向(tastes)及消费行为,从而形成与阶级结构对应的文化鉴赏和消费结构。上流社会成员由于无须忧虑生存的物质条件,因而在选择艺术品时更看重其纯美学价值,在选择生活用品时更注重形式和风格。工人阶级的成员则相反,他们不仅对所谓纯粹艺术品敬而远之,在选择其他物品时也更看重其解决实际需要的功用。不同的喜好倾向贯穿于社会成员的所有生活领域,形成连贯一致的生活方式(life-styles)。

惯习在决定生活方式的同时,也赋予人们对人和物进行分类的能力,即将人与人、人与物进行匹配的能力,使人们形成"这个属于小资""那个属于大众"的判断。这样一来,喜好倾向又反过来成为对人群进行区分的符号,帮助界定一个人的阶层归属。

总之,在布迪厄看来,人们在社会空间的位置及可支配条件造就他们的惯习,又通过惯习产生了不同的喜好和行为。因此,经济能力并非简单地决定人们的选择,而是通过惯习"指挥"人们的选择。由于惯习的作用,因势而为(out-of-necessity)的选择就变成了出乎爱好(out-of-preference)的选择;社会阶层的分化(social stratification)变成了物以类聚、人以群分的自觉行为结果。这样,惯习、喜好和行为等个体能动性因素就在社会不平等及其再生产中扮演了辨证角色:既受到不平等社会结构的决定,又倾向于巩固和延续现有结构。

3 信息不平等的双重起源及二元对立视角的局限性

信息实践(Information practices)是信息社会最重要的社会实践之一。与其他社会实践相比,信息实践更明显地受到社会结构和个体主观能动性的双重塑造。直观观察告诉我们,个人的信息行为因其在社会结构中的位置差异而不同:在社会管理者和被管理者之间、不同收入的人群之间、不同职业群体之间都存在巨大的信息行为差异。同样的直观观察还告诉我们,个人的信息行为还因其心智因素的不同而不同:面对同样的问题,立志求解的人会产生信息行为,而放弃求解的人不产生信息行为;站在相似的人生转折点上,看到多重选择的人会产生信息行为,而看到单一选择的人或许就不会产生信息行为。

在超越直观观察的层次上,很多图书馆与情报学研究都显示,信息实践确实受到外部的客观因素和内生的主观因素的双重塑造。所谓受到外部客观因素的塑造,是指用户的信息行为受到其意识之外的因素,如阶级或阶层归属、专业领域、工作任务及信息系统(包括信息服务机构)的决定。威尔逊(Wilson)的信息行为模型揭示了个人工作角色、生活与工作环境对其信息行为的影响,认为这些因素通过决定个人的信息需求而影响其信息行为[17]。泰勒(Taylor)的信息使用环境(Information Use Environments)理论专门阐释了信息行为发生环境对信息行为的决定作用[18]。这一理论指出,信息行为是四种环境因素的产物:①信息用户归属的群体(如医生)对其工作性质的假定;②被这一群体视为重要的问题的类型和结构;③这一群体的各组成部分在其典型工作环境中拥有的机遇与约束;④这一群体关于什么是问题解决方案、什么决定信息有用性的认识或假定。近年来,罗森波姆(Rosenbaum)借鉴吉登斯的社会学理论进一步发展了泰勒的信息使用环境理论,将规制(rule)和资源(resources)也纳入需要考量的环境因素[19]。由于规制和资源都蕴含了权势(power),因此,罗森波姆的修正事实上使权势因素进入了信息使用的环境模型。此外,贝尔金和李月琳等关于工作任务对信息行为影响的研究[20]、约翰逊等人关于信息场域(information fields)的研究[21],也都揭示了非意识因素对信息行为的塑造。

所谓主观因素对信息行为的塑造是指用户的心智因素及对外部世界的认识会引导甚至决定其信息行为。在信息行为研究领域乃至整个图书馆与情报学领域,认知视角率先提供了大量这方面的证据,特别是揭示了用户的知识状态或认知图式对信息行为的塑造。贝尔金揭示了信息需求与检索行为随个人知识状态而变化的原理[22],库尔梭揭示了信息检索行为随认知阶段而改变的过程[23],德尔文揭示了意义建构与信息行为的互动[24]。在认知视角之外,查特曼借鉴社会学中的小世界理论揭示了个体在特定生活情境下的意义建构对信息行为的塑造[25]。该理论以个人在"小世界"中的社会活动(而不是认知过程)解释信息行为,被认为是对认知视角的革命,然而,在揭示主观意识因素对信息行为的塑造方面,它与之前的认知视角可谓殊途同归:都确认了主观因素的显著作用。

信息实践的双重性决定,与之相关的信息不平等问题将无法从单一视角获得全面解释。然而,截至目前,源自各学科的相关研究基本都继承了社会科学领域二元对立的传统,要么强调社会结构及经济能力的决定作用(如信息政治经济学),要么强调意义建构和行为模式的决定作用(如小世界交流理论)。研究角度的片面性导致很多复杂的信息不平等问题至今得不到有效解释[26]。例如:①改善信息不平等状况的举措(大众教育的普及、公共图书馆的设立、社区信息技术中心的建设、全覆盖公共文化服务体系的布局),为什么经常来自上层(富有或统治基层)而不是下层(贫穷或被统治阶层)?既然社会结构倾向于生产和再生产社会不平等,为什么这个结构中的既得利益者却常常表现为信息不平等的弥合者?这种自上而下的弥合为什么不能产生真正的信息平等?②信息不平等的不幸者为什么很少质疑和反抗现状?为什么信息供给的改善(如公共文化服务体系建设)不能马上缓解信息贫困,带来信息鸿沟的弥合?③决定信息实践的客观因素和主观因素通过怎样的过程(交互还是叠加?)共同影响信息不平等?如果它们是通过交互作用过程共同产生信息不平等,其交互机制是什么?是布迪厄的"惯习",还是更加复杂的机制?

4 结语:来自布迪厄的启迪

20世纪后半叶,社会科学领域为弥合客观主义与主观主义、个人与社会、结构与主体、宏观与微观等二元对立而开创了整体性研究思路,从中产生了一批颇具影响的整体性理论。布迪厄的社会学理论是整体性理论的杰出代表。这一理论通过惯习、场域等概念,实现了二元对立的嫁接,解释了客观的社会结构如何主观化为社会成员的心智和性情结构(即惯习结构)、惯习如何发动和规制了社会实践、社会实践如何再生产了现有的社会结构。尽管布迪厄的理论经常受到客观主义与主观主义双方的批评,但对于很多社会问题(如文化鉴赏差异问题、学校在社会再生产中的作用问题)而言,布迪厄的整体性理论都显示了比较优越的解释力。

信息实践及信息不平等问题具有明显的主客观双重性,比较适合按整体性思路予以解释。在这方面,布迪厄的理论至少为我们提供了若干启迪:首先,它提示我们,客观因素与主观因素的作用并不像多变量(Multivariate)定量研究假定的那样简单。多变量定量研究通常只能告诉我们,在信息不平等中,个人的主观因素可以解释多少差别,客观的社会因素解释多少,其他未知变量解释多少;或者告诉我们,具有特定地位、收入、教育水平、动机、兴趣等特征的人群,其使用信息技术或信息服务的可能性有多大。而布迪厄的理论却向我们揭示了更为复杂的主客观作用:主客观通过交互作用,既共同决定客观存在也共同决定主观意识。例如,在文化鉴赏与消费过程中,客观的社会结构与主观的惯习交互作用,其结果是既产生客观的文化消费结构,也产生主观的消费倾向和分类体系。鉴于信息不平等的复杂性以及信息与文化领域的近似性,我们有理由相信,正是这种复杂的主客观关系决定着信息不平等的产生,至于主客观相互作用的机理是"惯习"还是其他因素,则需要进一步研究。其次,布迪厄向我们揭示了整体性研究思路的观察对象及研究方法:这就是对关系和实践的关注以及对定量和定性方法的交替使用。在信息不平等问题上,这意味着,我们可以结合个人在社会空间的位置,观察他们的信息实践,以便同时揭示信息实践所体现的社会结构烙印、信息实践的心智驱动、心智结构与社会结构的呼应。特别值得指出的是,如果按布迪厄开创的路径寻求对信息不平等的整体性解释,图书馆与情报学比任何其他关注该问题的交叉学科都具有优势。这是因为,图书馆与情报学早已将几乎所有人类信息实践纳入了其研究视野,并积累了有关各类情境(工作情境及日常生活情境)下信息实践的丰富知识。所有这些都为我们尝试信息不平等问题的整体性研究提供了基础。

信息不平等问题因为关乎信息社会核心资源的分配而被视为信息社会的重大问题,并因此成为很多学科关注的焦点;它也因关乎社会成员的信息获取而成为图书馆与情报学的重要问题。在以往的研究中,虽然图书馆与情报学占据信息实践这片沃土,但那些从信息实践角度考察信息不平等的研究,如查特曼的小世界理论,基本上都是按主观主义立场而不是整体性思路展开的。因此,图书馆与情报学获得的有关信息不平等的结论,与来自其他学科的理论一样,存在解释力局限。如果我们能够借鉴布迪厄的研究思路,从主客观两个方面重新开发信息实践的研究价值,或许图书馆与情报学就可以真正引领这个跨学科领域的理论创新。

参考文献

1,15 Ritzer George. Contemporary sociological theory and its classical roots: The basics. Beijing: Peking University Press, 2004

2 Savolainen Reijo. Everyday life information seeking: Approaching information seeking in the context of "Way of Life". Library and Information Science Research, 1995, 17(3): 259-294

3 Kvasny Lynette, Keil Mark. The challenges of redressing the digital divide: A tale of two cities. International Conference on Information Systems (ICIS) 2002 Proceedings, paper 84. http://aisel.aisnet.org/icis2002/84

4,26 于良芝,刘亚. 结构与主体能动性:信息不平等研究的理论分野及整体性研究的必要. 中国图书馆学报,2010(1):4-18

5 于良芝. 理解信息资源的贫富分化:国外"信息分化"与"数字鸿沟"研究综述. 图书馆杂志,2005,24(12):6-18

6,7 Bourdieu Pierre. Social space and symbolic power. Sociological Theory, 1989, 7(1): 14-25

8 布迪厄·皮埃尔;王志弘译. 社会空间与象征权力//苏国勋,刘小枫. 社会理论

的政治分化 IV. 上海:上海三联书店,2005:292

9 Bourdieu Pierre(Trans. Nice, Richard). Distinction: A social critique of taste. Cambridge: Harvard University Press,1998

10 斯沃茨·戴维;陶东风译. 文化与权力——布尔迪厄的社会学. 上海:上海译文出版社,2006:116

11,12,16 斯沃茨·戴维;陶东风译. 文化与权力——布尔迪厄的社会学. 上海:上海译文出版社,2006:120

13 Swartz David. Culture and power: The sociology of pierre bourdieu. Chicago: The University of Chicago Press,1997:117

14 斯沃茨·戴维著,陶东风译. 文化与权力——布尔迪厄的社会学. 上海:上海译文出版社,2006:136

17 Wilson T D. On user studies and information needs. Journal of Documentation, 1981,37(1):3-15

18 Taylor Robert S. Information use environments//Dervin B, Voigt M J(eds). Progress in communication sciences, Vol. 10. Norwood, NJ: Ablex Publishing Corp, 1991:217-255

19 Rosenbaum Howard. Structure and action: Towards a new concept of the information use environment. Paper presented at the ASIS 1996 Annual Conference. https:// scholarworks. iu. edu/dspace/bitstream/handle /2022/1804/ wp96-04B. html? sequence = 1

20 Li Yuelin, Belkin Nicholas J. An exploration of the relationships between work task and interactive information search behavior. Journal of the American Society for Information Science and Technology,2010,61(9):1771-1789

21 Johnson J David E, Case Donald O, Andrews James, et al. Fields and pathways: Contrasting or complementary views of information seeking. Information Processing & Management,2006,42(2):569-582

22 Belkin N J, Oddy R N, Brooks H M. ASK for information retrieval: Part 1: Background and theory. Journal of Documentation,1982,38(2):61-71

23 Kuhlthau C C. Inside the search process: Information seeking from the user's perspective. Journal of the American Society for Information Science,1991,42(5): 361-371

24 Dervin Brenda. An overview of Sense-Making research: Concepts, methods, and re-

sults to date. Paper presented at the annual meeting of the International Communication Association, Dallas, TX, 1983. http://communication.sbs.ohio-state.edu/sense-making/art/artabsdervin83smoverview.html

25 Chatman Elfreda. A. Life in a small world: Applicability of gratification theory to information-seeking behavior. Journal of the American Society for Information Science, 1991, 42(6):438-449

原载于《上海高校图书情报工作研究》,2011年第1期

从信息政治经济学视角看公共图书馆发展的社会环境[*]

公共图书馆的发展环境和途径向来是图书馆界比较关注的问题。根据现有的图书馆与情报学理论[1-2],图书馆是社会交流系统的组成部分,它与出版发行、大众传播等机构按一定的社会分工共同承担着各类信息的传播任务。谢拉认为,这些机构共同作用于全社会,它们塑造着社会的文化,也塑造着社会中的个人,并由此把社会文化连结为一个有机的整体[3]。

但是,20世纪后半叶以来,各国公共图书馆所面临的发展环境,已经变得远比上述理论所揭示的复杂。要在这样复杂的环境中求得生存和发展,公共图书馆的决策者和管理者需要准确地理解影响公共图书馆发展的各种利益关系。本文的目的就是向公共图书馆界介绍一种有助于透视这种关系的理论视角——信息政治经济学,提出从信息政治经济学视角考察公共图书馆发展环境的理论框架。

1 信息政治经济学视角概述

二十世纪六七十年代以后,当很多西方学者试图通过分析信息在经济增长中的比例来揭示当代社会的基本特征的时候,另外一批学

---

[*] 本文与陆行素、郝玉峰合写。

者,如北美的 Herbert Schiller、Dan Schiller、Vincent Mosco,英国的 Peter Golding、Graham Murdock、Frank Webster 却独辟蹊径,运用政治经济学的概念体系和方法分析信息生产、交换、使用过程中所体现的社会关系[4-13]。他们把这种研究视角及由此形成的对当今社会的分析称作"信息政治经济学"。

Frank Webster 在评述信息政治经济学研究时指出,信息政治经济学视角有三个突出特点:①在社会结构关系中研究信息过程,认为所有的信息现象都体现着已经建立的社会生产关系;②从社会经济体系的整体出发来研究信息过程,认为信息产业已成为经济的支柱产业,这一全局趋势必然决定具体的信息政策的制定;③强调当前社会发展的历史延续性,认为信息在经济增长中的决定作用并未改变社会的基本关系,如市场对利润的追逐[14-15]。

信息政治经济学的视角特点及研究兴趣使其关于当代社会的理论明显区别于其他理论。信息政治经济学者否认信息社会的断代性,认为市场经济一如既往地决定着信息与技术领域的变化[16]。他们认为这种市场机制具有把信息从公共财富(public goods)转化为商品、把信息交流关系转化为商业化的社会关系(commodified social relations)的内在倾向。在当今社会,正是这种倾向决定着信息的属性与分配。信息的商品化使公共信息机构(公共图书馆是其最典型的代表)和社会的贫弱阶层都蒙受损失:公共信息机构被迫降低其公益性程度,而贫弱阶层则成为信息贫穷者。

2 信息政治经济学视角中的信息商品化

在信息政治经济学视角中,信息商品化是把以前作为公共财富的信息产品转化为可交易的产品,直接或间接地用来赢利的过程。他们指出,在信息流通领域,曾经存在过大量的作为公共财富的信息产品,例如,由政府本身或政府支持的其他部门生产的信息、由国有媒体机构传播的信息、经过公共信息机构(如图书馆)收集整理的信息等。传统上,这些信息的生产和流通一般由公共经费支持,信息产品免费向全体社会成员提供。然而,在过去的半个多世纪里,属于这一领域的信息日益减少,越来越多的信息被当作商品投入市场[17-19]。Schiller夫妇[20]在分析这一过程时指出,二战以后,信息商品化加剧的根本原因在于,战后科学技术和经济的发展开辟了从信息资源和信息加工中获取高额利润的前景。科学技术的迅速发展和经济的繁荣带来了社会信息产量的急剧增长,迫切需要对这些信息进行加工;跨国公司的出现则使经济活动越来越依赖信息的快速传递,企业愿意在信息资源方面进行大量投资。与此同时,计算机的应用使大规模的信息搜集、加工处理成为可能。根据Schiller夫妇的分析,信息量、信息需求市场和信息处理技术三大条件并存,造就了信息产业迅速发展的土壤。毫无疑问,这一部门的继续成长依赖商品化的信息环境。

很多人单纯从经济的角度看待这一变化,把信息产业视作新的经济增长点。与这些观点不同,信息经济学学者还同时看到了这一变化的社会代价。这种代价之一就是削弱了信息作为公共财富的观念。Schiller认为,把信息视作公共财富的传统观念有两大基础:一是基于信息和知识的性质——信息和知识的共享不会削弱它对每个人产生的价值;二是基于信息和知识的巨大社会作用——它可以改善人民的素质,提高劳动效率,产生出优良的文化[21]。大量的可以自由流通的信息对于国家的长治久安和综合国力的提高有着不能估量的作用。正是由于这一信念,杰弗逊于1813年写道:"大自然赋予思想自由流动、教化人类的特性,正如她赋予火种燎原之能量、赋予空气自由之本性一样。因而,从本质上说,发明创造不是私有财产。"[22]公共图书馆的产生就是以这种信念为土壤,是这种信念的最杰出的象征。在信息政治经济学学者看来,信息的商品化不仅是对知识与信息的公共品性质,也是对公共图书馆这一社会机构的严峻挑战。

3 信息政治经济学视角中的信息分化

信息分化是指在信息极度丰富,信息技术高度发达的条件下,社会上一部分人拥有获取信息的优良条件和能力,能够获取所需的信息;而另一部分人则由于经济能力或其他条件的限制,不能获取他们所需的信息。在当今社会,信息分化既存在于不同的社会阶层之间,也存在于不同的国别之间。这两种分化都是信息政治经济学关注的焦点。

根据信息政治经济学学者的观察,不同社会成员之间信息获取能力的差距已成为世界各国普遍存在的社会问题。从巴西到美国,从非洲到欧洲,无论国家的经济实力如何,都不得不面对日益拉大的信息富有(Information Rich)和信息贫穷(Information Poor)之间的距离。在 Schiller、Golding 等学者看来,信息分化与由经济能力决定的社会结构密切相关,即在阶级结构中处于较高层的人能够得到更丰富、更全面的信息。而随着一个人在阶级系统中地位的下降,他能获得的信息质量也就愈来愈次。Golding 80 年代的研究发现,在当时的英国,30% 的中产阶级有录像机,但在工人和失业人员当中,这一比例降低为 17%[23];在 20 世纪 90 年代的美国,Schiller 同样发现,计算机的个人拥有量基本上是按阶级分布的[24]。此外,Sturges 指出,信息分化还受到政治势力强弱的影响[25]。他以非洲的马拉维作为案例,用大量的证据表明政治权势可以在很大程度上操纵信息的流向,从而使位于政治权势中心的社会团体比外围的社会团体获得更多的信息。

很多信息政治经济学学者都注意到,信息分化有日益加重的趋势。这种趋势源于多种环境因素。首先是日益加剧的财富分化,在过去的二三十年中,许多国家的贫弱阶层所掌握的财富占全部社会财富的比例都有下降的趋势;其次是日益扩大的信息商品化,信息商品化使越来越多的信息打上标价进入市场,令贫弱阶层望尘莫及。市场的力量愈是强大,社会的贫弱阶层可以自由获取的信息就越少。再次,为了与公共信息机构竞争信息市场,商业性机构往往会对政府施加压力,推动政府制定有利于私人信息市场的政策,或减少对公共信息机构的投资,这难免在客观上削弱公共信息机构免费向贫弱阶层提供信息服务的能力[26]。最后,信息技术的更新速度使获取信息所需要的前期投资越来越多,如计算机、Internet服务商、调制调解器、电话线等投资。而缺少这些设施,经常意味着用户不仅会失去这些设备传递的基本信息服务,还会失去它提供的带附加值的高级信息服务。另外信息技术带来的新的信息传播渠道往往会排挤某种更传统的,更大众化的信息手段,使依赖传统手段的信息用户更加不利。

在不同的社会阶层信息分化加剧的同时,发达国家和发展中国家的信息差距也在拉大。在信息政治经济学者看来,无论是全球化、信息技术、知识产权,还是国际援助,客观上都在加剧发展中国家的信息贫穷[27]。

4 信息政治经济学视角中的公共图书馆、市场与政府

最早的公共图书馆是资本主义上升时期的产物。在18、19世纪的西方,资本主义的生产方式已经确立,资产阶级已经拥有足够的经济力量与教会和政府争夺政治势力。他们把民众的声音视作在政治上与政府和教会抗衡的力量,因而对文化领域的独立活动(即不受政府和教会操纵的活动)大力扶持[28]。在经济活动领域,为了提高生产效率,资产阶级希望在民众中普及教育,提高工人的文化水平。因而,公共图书馆的形成,无论在政治上,还是经济上,都是符合上升时期的资产阶级(私人资本)的利益的。

而当时的西方政府,已开始在国内进行一定程度的社会改革。受启蒙运动的影响,不少政治家相信传播知识对于构建良好的社会秩序至关重要。这种信念促使英国政府于1850年通过了《公共图书馆法》,1870年通过了《教育法案》。1850年的《公共图书馆法》规定,地方政府可以通过税收支持公共图书馆的建设,而公共图书馆则需向当地居民免费提供服务。可以说,对于发展早期的公共图书馆,政府、私人资本和公共图书馆之间不曾有过严重的利益冲突。

然而,随着信息成为社会的重要资源,政府、私人资本和公共图书馆之间原有的和谐开始动摇。信息政治经济学者很早就开始关注政府、市场(代表私人资本的利益)以及公共图书馆日益明显的不和谐声音。在这些学者看来,私人资本的目标是要扩大信息交易市场,从中谋取最大利润,而公共信息机构的存在被视作对这种目标的极大威胁。为了排挤公共信息机构在信息市场上的地位,在过去的几十年里,私人资本始终都在极力影响政府的信息政策。Schiller认为,这种影响有多种渠道:一是直接通过他们在政府中的代言人的决策作用;二是通过受他们资助的保守的研究机构的咨询作用;三是通过受其操纵的媒体机构的舆论作用。根据Schiller等人的观察,这种影响的结果是,自20世纪80年代以来,越来越多的信息政策是在公众声音缺席的情况下制定的。这种政策的主旋律就是信息的商品化及市场原则。1983年,英国的信息技术顾问委员会出版"经营信息(Making Business of Information)"报告。随着这些文件的出台,政府对公共信息机构财政支持大大减少,市场机制得以稳步进入包括公共图书馆在内的公共领域,并对图书馆的运行产生了巨大的影响。面对停滞不前的图书馆经费和日益高涨的书刊价格,很多图书馆不得不放松其长期坚持的信息服务公益性信念,开始对其提供的部分服务实施收费。表1显示了20世纪70年代中期至80年代中期美国私人资本通过影响政府的政策和财政预算削弱公共图书馆发展基础的状况。

表1　美国20世纪70年代中期—80年代中期私人资本、政府和公共图书馆在信息领域的关系

年代	事件	观点、行动或影响
1976	内务部私有权委员会报告	很少提到公共信息机构的利益,信息传递几乎完全被视为商业活动
1977	信息产业协会报告	认为图书馆在信息传递中的作用是帮助大众熟悉新的信息产品和服务,为他们将来购买这些信息产品和服务打下基础
70年代末	图书馆引进有偿联机检索服务	有偿服务的深远影响在于这种服务代表了图书馆资源的再分配。图书馆开始把它有限资源的一部分专门用来为那些具有一定经济能力的社会成员服务
1979	白宫图书馆情报大会	图书馆员试图捍卫他们长期恪守的信息服务公益性原则
80年代初期	私人信息部门对白宫图书情报大会的反应	私人信息部门漠视白宫图书情报大会决议
1982	国家图书情报委员会独立工作组	质疑是否该由政府资助那些本可由私营机构提供的信息服务
80年代中期	里根政府的态度	开始接受上述质疑,并在政策等方面体现私营部门利益

注:本表根据参考文献4整理。

5　对信息政治经济学学者关于"公共图书馆发展"观点的评价

在过去的二三十年中,在众多的研究信息社会的理论当中,信息政治经济学始终代表了一种关于当今社会的逆耳良言。它提醒人们,信息的生产、流通和使用体现着已有的社会关系,资本对信息的经济利益的追逐是对信息的公共财富性质及其长远价值的威胁。这样的视角并非无视信息的巨大经济潜力,相反,正是由于对信息在当今社会的战略地位的认识,才使得信息政治经济学学者更加关注信息与其他社会结构因素(如阶级、所有制)的关系。信息政治经济学学者希望引起人们注意的是,信息的巨大经济潜力正在使它成为少数人手中的资源,而对于大多数人来说,信息的获得能力越来越依赖于个人的经济承担能力。这无疑会将相当多的社会成员排除在高质量的信息交流之外,使他们的个人发展机遇受到限制。因而,信息政治经济学要否定的并不是信息作为社会重要资源的潜力,乃是私人资本通过信息商品化和市场机制对这一资源的集中和占有。

信息政治经济学学者始终把公共图书馆看成公共信息机构的杰出代表。公共图书馆是由全体民众支持,并免费向所有社会成员开放的社会机构。信息的公共财富性质和信息平等的原则是公共图书馆的核心原则。这一原则使公共图书馆自诞生100多年来,始终是一个不以任何标准排斥任何个人的社会机构。Sturges 和 Kinnell 认为,在现代社会中,公共图书馆几乎成为唯一具有如此社会包容性(Social Inclusiveness)的机构[29]。从一定意义上说,信息政治经济学学者已经把公共图书馆的传统看作信息公共财富性质的象征;把公共图书馆的发展看作信息的公共财富性质在市场机制下生存的表征。信息政治经济学学者由此把公共图书馆的发展问题放到了一个更引人注目的理论高度。

然而,读 Schiller 和 Webster 等学者对当前公共图书馆发展环境的分析,公共图书馆的支持者们很难不萌生对图书馆未来的悲观。在这些学者,特别是 Schiller 的分析中,公共图书馆以及其他公共信息机构曾经成功地构筑的社会的公共信息空间正日渐缩小。Schiller 认为,私人资本为了扩大市场,必然积极倡导信息的商品化进程。他们一方面借助其强大的经济势力影响政府的政策;另一方面资助保守的学术研究机构和媒体机构,为信息的商品化提供理论依据和舆论支持。根据 Schiller 的分析,图书馆似乎已经失去了发展的空间。"作为社会分工的图书馆职业的存在正在被质疑。运用新技术谋求利润的做法正在瓦解着美国图书馆职业的基石——信息自由存取原则。"

Schiller 等信息政治经济学学者对图书馆发展的悲观展望主要是由于这些学者把公共图书馆看成了被动地受政府和私人资本支配的实体,把私人资本—政府—公共图书馆的关系看成了单向的控制关系。事实上,图书馆界的学者,从阮冈纳赞到谢拉,早已从长期的图书馆发展的历史中发现,图书馆是发展着的有机体,图书馆与社会各方面的关系是互动式关系。正是公共图书馆与民众、政府、私人资本之间的互动式的社会关系为公共图书馆谋求自身最大的发展空间提供了可能。

首先,公共图书馆主要是由公共财政支持的机构,民众和政府对其价值的评估在很大程度上决定着公共图书馆在公共财政预算中的地位。事实上,政府的评估往往会更直接地决定图书馆在公共开支中所占的份额。在这方面,不同环境下的公共图书馆可能会面临三种不同的发展前景。在第一种情况下,图书馆的现有职能远离政府的政治重心,政府看不到图书馆对其政治目标的价值,政府可能不会轻易增加对图书馆的投资,但是图书馆可以通过民众的支持或调整自身的功能来改变政府对它的评价,从而改善自身的发展环境。在第二种情况下,图书馆的职能贴近政府的政治重心,但是政府没有看到图书馆的职能对于它的政治目标的价值,公共图书馆可以通过民众的支持和对自身职能的宣传,争取政府的支持,从而改善发展条件。在第三种情况下,公共图书馆的职能接近政府的政治目标而且政府也已看清图书馆对它的价值,从而主动扶持图书馆的发展,图书馆需要抓住发展的时机,争取最大程度的发展。

其次,公共图书馆与私人资本之间也存在着互动式的关系。一方面,信息领域的私人资本由于受利益的驱使,可能会竭力推进信息的商品化进程,并会通过影响政府的信息政策削弱公共图书馆发展过程中的公益性基础;但是,另一方面,不少私人资本,特别是中小企业,也可能按市场原则利用公共图书馆的信息服务,这就为图书馆在保证公众服务的前提下向私人机构提供适度的有偿服务提供了可能。在政府投资不能满足发展的需要的时候,这种服务或许有助于扩大图书馆自身发展所需的资金来源。

此外,公共图书馆还可以利用民众、政府和私人资本之间的关系,使之形成有利于公共图书馆发展的环境。随着信息产业成为最重要的产业部门和最快的经济增长点,各国政府都会在不同程度上照顾私人资本在信息领域的利益,以维护信息产业的发展。但是,与此同时,民众也至少会在两个方面影响政府的信息政策(信息政治经济学者常常忽视这种影响):民意的政治作用和国民素质作为人力资本的经济作用。一方面,极少有政府敢于公然违背民意(特别是在选举的时候),大多数政府至少会在一定程度上考虑民众在信息领域的利益,包括他们通过公共信息机构自由获取信息的权利;另一方面,民众的素质代表着一个国家的人力资本的水平,由于经济的发展和综合国力的竞争越来越依赖人力资本,政府不能不考虑有利于提高国民素质的一切途径,包括发挥公共信息机构的作用。

因而,对于信息社会的公共图书馆来说,与市场价值所不容的公益性也正是它的价值和力量之所在。与半个世纪以前的公共图书馆相比,当前公共图书馆的发展一方面受到来自私人资本和市场的更大挑战,但是另一方面,它在缓和信息分化、实施终身教育、提高民族素质等方面的作用也受到公众和政府的更广泛的关注。

参考文献

1,3　谢拉;张莎丽译. 图书馆学引论. 兰州:兰州大学出版社,1986

2　宓浩. 图书馆学原理. 上海:华东师范大学出版社,1988

4,17,20　Schiller H,Schiller A. Libraries,public access to information and commerce//Mosco V,Wasko J(eds.). The political economy of information. Madison,Wisconsin:The University of Wisconsin Press,1988:146-166

5,26　Schiller H I. The context of our work//Nordenstreng K,Schiller H I(eds.). Beyond national sovereignty:International communication in the 1990s. Norwood,New Jersey:Ablex Publishing Corporation,1993:465-471

6　Schiller H I. Information equality:The deepening social crisis in America. New York:Routledge,1996

7　Herbert Schiller. Living in the number 1 society. Gazette:The International Journal of communication studies,60(2):181-196

8,21,22,24　Schiller D. Ambush on the I-way:Information commoditization on the electronic frontier. Paper presented at the BCLA Information Policy Conference, Vancouver,27-28 Oct,1995

9　Mosco V. Preface to the Chinese language edition of the political economy of communication:Rethinking and renewal,1998.[2001-10-29]. http://www.carleton.ca/~vmosco/chinese.html

10,18　Mosco V,Wasko J. The political economy of information. Madison,Wisconsin: The University of Wisconsin Press,1988

11,23　Golding P. Power in the information society//Musken, G (eds.). Global networks and European Communities:Applied social and comparative approaches. Tilburg:Tilburg University Institute for Social Research,1986:72-84

12　Murdock G. Large corporations and the control of the communications industries.//Gurevitch M,Bennet T,Curran J(eds.). Culture,Society and the Media. Methuen,1982:118-150

13,14,16,19,28　Webster F. Theories of the information society. London:Routledge, 1997

15　Robinson K,Webster F. Cybernetic capitalism:Information, technology, everyday life//Mosco,V. And Wasko,J. (eds.)The political economy of information. Madison,Wisconsin:The University of Wisconsin Press,1988:44-75

25　Sturges P. The political economy of information:Malawi under Kamuzu Banda, 1964-94. International Information and Library Review,1998,30(3):185-201

27　Haywood. TrevorInfo-rich-info-poor:Access and exchange in the global information society. London:Bowker Saur,1995

29　Kinnell M. ,Sturges P. Introduction//Kinnell M. ,Sturges P. eds. Continuity and innovation in the public library:The development of a social institution. London: Library Association,1996:72-84

原载于《中国图书馆学报》,2002 年第 4 期

探索公共图书馆的使命：
英美历程借鉴

1 引言

公共图书馆使命（mission）是关于公共图书馆责任的陈述。在国内外专业文献中，表达同样含义的术语还包括：目的（purpose）、任务、功能定位等，但"使命"一词似乎更适合本文的语境。当使命的主体是一般意义的公共图书馆时，"使命陈述"（mission statement）所表达的就是整个公共图书馆界对于社会的集体责任；当使命的主体是个体图书馆时，"使命陈述"所表达的就是该图书馆对于其所服务的社区的具体责任。

对于个体图书馆而言，使命陈述具有很多指导性和工具性作用。它是图书馆制定战略规划或长期计划的起点，决定着图书馆对规划期内的目标的界定；它是图书馆工作和管理的依据，决定着资源的分配和服务内容的设计；它是图书馆工作考核的依据，显示着公共图书馆绩效与其责任之间的差距；它同时还是图书馆存在合理性（legitimacy）的依据，昭示着图书馆对其耗费的公共资源的可能回报。

在一个半世纪的发展历程中，公共图书馆的使命经历了很多变化。环境的变迁、利益相关者的质疑、公共图书馆对自身影响力的反思都曾经在不同程度上导致了公共图书馆使命的调整。几乎每个时期的专业文献都记录了世界图书馆职业为调整公共图书馆使命而进行的探索。例如,温森特(Vincent)[1]显示了澳大利亚公共图书馆使命的迷失;琼斯(Jones)[2]显示了英国图书馆职业在确认公共图书馆使命时出现的分歧;哈里斯(Harris)[3]则揭开了早期美国公共图书馆公开使命的隐藏动机。

本文的目的是回顾英国和美国公共图书馆对自身使命的探索历程。美国和英国是最早阐释公共图书馆使命的国家,也是最早对公共图书馆使命进行经验主义考察的国家。此外,英国和美国还是最频繁地为公共图书馆事业出版纲领性文献的国家(美国自20世纪30年代以来出版了四份全国性标准、一份专门的公共图书馆使命陈述、四份公共图书馆规划指南;英国从1849年以来出版了十余份里程碑式的公共图书馆报告、三份有关公共图书馆的法规、两份公共图书馆标准),其中大部分文献都直接或间接地阐释了当时公共图书馆的使命。这些努力使英国和美国公共图书馆使命的探索过程渗透着其他国家无法比拟的理性,也使它们为世界公共图书馆界贡献了一份宝贵的职业遗产。

2 早期公共图书馆的使命:在"图书馆信仰"中产生

公共图书馆出现的时候(19世纪中叶),西方国家正在进行大规模的社会改良以稳固刚刚出现的工业化社会形态。全民教育是社会改良的重点之一。资产阶级一方面希望通过普及教育提升工人的生产能力,另一方面希望借助教育克服"滋生于产业工人社区的社会疾病"——酗酒、赌博、暴力、粗鄙。随着社会改良的深入,"知识就是力量"的信念逐渐成为一种普遍的社会意识。人们相信,通过获取和利用知识,他们有望改善自己的生活,提升自己的社会地位。19世纪中叶,英国社会读书风气盛行[4],社会教育机构(如对工人进行培训的机械师协会)选出,至少在一定程度上反映了普通民众的求知热情。

对知识的崇尚在很多人中培育了一种对公共图书馆作用的信念(图书馆学文献中称之为"图书馆信仰")。这种信念认为,图书馆通过提供图书资料,可以向社会成员传播知识,提供自我教育机会;它通过在下层人民中培育阅读兴趣,可以使他们亲近知识,远离粗鄙;它通过改善个人素质,可以推动整个社会进步。19世纪末到20世纪初的很多公共图书馆员,例如,英国曼彻斯特图书馆馆长爱德华兹,伯明翰图书馆馆长穆林司(J. D. Mullins),布拉德福(Bradford)市图书馆馆长伍德(Butler Wood),里兹图书馆馆长耶茨(James Yates),美国纽约图书馆馆长杜威,丹佛公共图书馆馆长达纳(John Cotton Dana)等,都是"图书馆信仰"的追随者。

在上述信仰的基础上产生了早期公共图书馆的基本使命——教育教化使命[5]。在英国,早在公共图书馆法通过之前,爱德华兹就把教育教化使命看成图书馆获得立法支持的基本理由。他明确提出,"如果图书馆不成为教育者,他们将没有任何理由得到立法关注,无论它们在其他方面如何有用"[6]。在公共图书馆获得立法支持之后,很多公共图书馆馆长继续把教育教化阐述为公共图书馆的基本使命。例如,利物浦图书馆馆长考维尔(Peter Cowell)就认为,免费(公共)图书馆的基本使命就是延伸学校教育,使贫穷家庭的孩子有机会开发他们在文学艺术、科学技术等领域的所有潜能[7]。在美国,杜威将大众教育分为两类:一类是免费的公立学校教育,一类是免费的公共图书馆教育[8]。1879年的美国图书馆学年会将美国图书馆界的目标确定为:用最少的成本将最好的图书提供给尽可能多的读者。维根德(Wiegand)认为,这是美国图书馆界关于自身教育教化使命的最精练的表述[9]。

教育教化使命的确立深刻影响了早期公共图书馆实践。虽然当时的公共图书馆也提供了少量其他服务(如地方文献服务、信息咨询服务),但图书馆工作的核心和基本指导思想却是教育教化。这一指导思想不仅决定着当时图书馆的藏书结构、服务模式,也决定着图书馆员对藏书利用率的态度。在早期美国图书馆协会推荐的馆藏比例中,小说仅占15%[10]。当后来的统计数据显示小说占据了绝大多数借阅量的时候,很多图书馆员将这一现象解释为教育教化使命的失败,并试图扭转这一局面。例如,在英国的斯多克浦特(Stockport)图书馆,当馆员们发现小说借阅达到总借阅量的80%时,他们立刻制订了减少小说借阅的计划[11]。1908年,英国图书馆协会还专门针对小说借阅通过了以下决议:①公共借阅图书馆(public lending libraries)的功能是提供优秀文献,即具有文学或教育价值的文献,小说也必须经过这一标准的检验;②图书馆应该提供属于经典作品的小说;③图书馆不应提供没有文学价值、道德价值或教育价值的流行小说[12]。

3 二战前后的公共图书馆使命:在经验主义考察中走向理性

从20世纪初开始,教育教化使命作为公共图书馆的核心责任和基本存在理由开始逐渐动摇,因为图书馆服务结果显示,公共图书馆距离实现这样的使命相距甚远。图书馆的支持者们曾希望它面向下层人民提供教育设施,但图书馆的主要使用者却是中产阶级[13];他们曾希望图书馆通过提供高雅图书,引导下层人民亲近知识,远离粗鄙,但他们很快发现,公共图书馆用户更喜欢通俗小说。当时的借阅统计显示,在绝大多数公共图书馆,一半以上的借阅是通俗小说,在有些地方,小说的借阅量甚至占到总借阅量的80%[14]。这样的结果让早期的公共图书馆员十分尴尬,它表明,在公共图书馆的教育教化使命、社会需求以及图书馆实现使命的能力之间存在某种失调。更糟的是,一些目睹这种结果的政治家们已经开始质疑公共图书馆存在的必要。图书馆史学家凯利(Kelly)记载了英国保守党议员对公共图书馆的质疑:"我不认为公共图书馆产生了任何益处;相反,他们产生了极大的危害,因为据我所知,被借阅的图书主要是流行小说,这样的书不会给任何人带来好处。"[15]在"图书馆信仰"和用户实际需求的冲突中,很多公共图书馆员选择了暧昧态度。正如斯特奇思(Sturges)[16]所评论的,这种态度表明了早期公共图书馆使命的模糊性,也导致了公共图书馆使命的第一次迷失。在图书馆职业的彷徨与摸索中,公共图书馆的使命开始了悄然转变。在英国,1927年的肯尼恩报告(Kenyon Report)对公共图书馆使命的界定已经明显弱化了教育教化使命:"公共图书馆应该成为其所在地区的智性生活中心。该中心应该兼顾智性生活的所有阶段,从智性觉醒时的好奇心到训练有素的专家的科研。图书馆不仅要服务于知识的渴求者,而且要服务于那些仅仅为了满足好奇心和追求休闲娱乐[而使用图书馆的人]。"[17]

继通俗小说的冲击之后,建立在"图书馆信仰"上的公共图书馆使命在二战期间又面临了新的挑战。二战期间,纳粹的思想控制及其后果震惊了图书馆职业,他们开始反思自身对维护思想自由的责任。反思的结果使西方公共图书馆开始自觉地将自己的意识形态使命从社会教化转向了维护思想自由。在新使命面前,很多图书馆员不仅反对来自国家政权的思想控制,也质疑来自于专业权威的"图书审查",包括为教化使命而选择"最好的图书"。此外,战争期间,公共图书馆在政治舞台和社会生活中也不再拥有它在社会改良时期的风光地位,很多图书馆都经历了经费的削减和利用率的下降[18]。所有这一切都要求公共图书馆重新考虑自己的使命。

在当时的欧美国家,对战后重建的展望早在战争结束之前就激发了各种各样的规划活动。从政府部门到专业组织,很多领域都制订了战后重建计划,这为公共图书馆重新审视自身的使命提供了契机。在这样的背景下,英国和美国都出现了为规划公共图书馆战后发展而进行的大规模调研活动。在英国,全国性调研由英国图书馆协会发起,由著名图书馆活动家麦克考文(McColvin)承担。调研活动从1941年开始,历时70天。在这段时间,麦克考文走遍了英国全国,对各地图书馆进行了深入考察,在此基础上提出了战后英国公共图书馆发展构想,即著名的《麦克考文报告》。该报告提出的战后公共图书馆发展建议涵盖了图书馆使命及服务、组织管理、人员配置等众多方面。在公共图书馆使命方面,《麦克考文报告》首先强调"服务是图书馆存在的理由,而服务就意味着不加质疑、不带偏见、不予限制地给予。图书馆是这样一种工具:促进读者的所有或任何活动,因此,它必须是宽容和无所不包的"[19]。这段陈述中的"不加质疑""不予限制""读者的所有或任何活动""无所不包"等表述,比1927年的肯尼恩报告更明确地弱化了图书馆的教育教化使命。其次,它提出,在履行其教育使命的时候,公共图书馆不是直接教授人们如何阅读、如何推理、如何使用事实和思想,而是通过最大限度地满足人们对图书的需求来延伸学校的工作,这是公共图书馆与学校教育的根本不同[20]。如此表述的教育使命显然已经没有了"图书馆信仰"赋予它的神圣性。在对图书馆的教育教化使命进行了上述颠覆之后,麦克考文还论述了公共图书馆的其他使命,如服务于儿童的使命、为弱势群体提供平等服务的使命。

在美国,二战期间及战后对公共图书馆使命的探索主要来自两个方面:一是美国公共图书馆协会于1943年出版的《公共图书馆战后标准》;二是美国图书馆协会于1947年委托开展的"公共图书馆调研"。1943年的《公共图书馆战后标准》是美国图书馆协会继1933年标准之后发布的又一个全国性标准,其主要目的是为战后美国公共图书馆发展提供新框架。根据该标准,公共图书馆的使命包括满足居民的教育需求、信息需求、文化或审美需求、娱乐需求和研究需求[21]。1947年开始的"公共图书馆调研",是美国图书馆协会为了纠正战前及战争期间公共图书馆使命的迷失,明确公共图书馆的社会角色而实施的。为了确保调研结果的客观性,美国图书馆协会特意将调研任务委托给一批业外人士——密歇根大学调查研究中心的政治学家和社会学家。此次调研涵盖美国公共图书馆的使命、功能、结构、组织、服务、人员等。调查结果显示,美国公共图书馆没有得到有效利用(使用图书馆的人仅占成年人口的十分之一,儿童人口的三分之一),而且人们使用图书馆的主要动机不是教育而是消遣,这显示,建立在"图书馆信仰"之上的教育使命事实上是失败的。调研者认为,战后美国公共图书馆应该将其使命调整为为少数严肃读者群(非消遣性读者群)提供"高质量的、可靠的资料"[22]。

显然,这时的公共图书馆对于自己究竟应该对社会承担什么责任,已经失去了源于"图书馆信仰"的自信和坚定。教育虽然依然被视为公共图书馆的重要使命,但其含义已经发生了变化(教化含义已经悄然消失);教育也不再是公共图书馆的基本使命,而只是众多使命中的一个。其他使命,特别是满足社区成员信息需求的使命开始受到图书馆员和其他利益相关者的更大关注。

这段时间出现的大型调研报告还显示,在信仰动摇之后,公共图书馆界对自身使命的探索开始变得更加理性。《麦克考文报告》和"公共图书馆调研"系列成果都是20世纪最著名的公共图书馆调研成果,它们都希望将公共图书馆的未来发展方向建立在坚实的经验研究(empirical research)之上。因此,尽管《麦克考文报告》和"公共图书馆调研"的建议在当时都没有得到采纳(麦可考文报告的建议被认为是过于理想化、过于激进;"公共图书馆调研"的建议则被认为是过于精英化),但二者都对公共图书馆的使命探索产生了深远影响:它们代表了经验主义对"图书馆信仰"的否定,是图书馆使命探索历程的一个重要转折点。

二战前后,在新使命的引导下,图书馆工作实践也发生了显著变化。首先,图书馆员对于小说类图书已不再是简单的排斥,他们承认小说阅读在多数情况下有益无害;他们还相应调整了与小说相关的职业实践活动,如馆藏建设、文献提供和阅读促进等。其次,信息服务工作地位日升,与信息服务相关的岗位被视为优越性岗位,它们甚至可以比其他岗位享受更优厚的待遇[23]。再次,当图书馆员悄然卸下前辈肩起的社会教化使命后,他们开始更多地关注与信息自由、信息平等相关的问题。1938年,美国艾奥瓦州的 Des Moines 公共图书馆起草了"图书馆权利宣言",更加鲜明地提出了图书馆维护公民信息自由、信息平等权利的原则。该宣言后来被美国图书馆协会采纳。

4 黄金时代的公共图书馆使命:在职业乐观主义背景下扩张

二战之后,英国和美国都经历了较快的战后发展时期。经济的繁荣增强了这两个国家建设公共服务的能力,也为公共图书馆的发展带来了比较充足的经费。在英国,战争期间设计的福利国家蓝图开始实施,公共图书馆事实上成为福利国家公共服务体系的组成部分。20世纪50年代末,英国政府在《麦克考文报告》基础上重新对全国的公共图书馆进行了调研,出版了英国公共图书馆发展史上又一部较有影响力的报告——《罗伯茨报告》。1962年工党政府教育部在《罗伯茨报告》的基础上出版了《布迪伦报告》(*Bourdillon Report*),提出了"高效率公共图书馆的基本标准",如年文献入藏量、服务空间、人员配置等;1964年,英国议会参考上述两份文献,通过了"公共图书馆与博物馆法案"[24],规定地方政府必须为当地民众提供全面高效的图书馆服务。在美国,20世纪50—60年代先后出台了两部有关公共图书馆经费的法令:20世纪50年代中期通过的《图书馆服务法令》(*Library Services Act*)规定,联邦政府有责任为农村的图书馆服务提供财政补助(即联邦政府在地方政府提供的经费之外,再提供额外的经费);20世纪60年代补充通过的《图书馆服务与建设法令》(*Library Services & Construction Act*, LSCA)又将这一责任扩大到城市图书馆。随着这些标准和法案的出现,英国和美国的公共图书馆在二十世纪六七十年代进入了各自的黄金时代:经费相对富裕、文献资源充足,公共图书馆界对自身的能力和发展前景充满了乐观情绪[25]。

经济的快速发展还创造了巨大的劳动力需求,为了补充国内劳动力市场,英国在这段时间接受了大批来自印度、巴基斯坦、香港、加勒比等地区的移民。移民的到来增强了英国的多元文化色彩,也向英国社会提出了一个严峻的社会和文化课题:如何使这些移民尽快适应新的环境? 如何增加不同文化的相互理解? 英国公共图书馆很快就意识到,这个问题同时也是一个职业问题,它要求公共图书馆相应调整自己的使命,将外来文化和移民纳入服务范围(20世纪70年代的社区图书馆运动便将移民社区确定为重点服务对象之一)。美国本来就是一个移民国家,20世纪初又吸收了大批新移民[26],但在20世纪60年代以前,美国的文化格局基本上是以主流(白人)文化控制少数民族文化为特征。60年代的民权运动为移民文化赢得了生存空间,使美国社会开始成为真正意义上的多元文化社会。直到这时,美国公共图书馆界对多元文化的使命感才在民权运动的震撼下苏醒过来[27]。

　　经费的相对充足和多元文化提供的机遇,使英美的公共图书馆对履行多元使命更加自信。继1943年的《公共图书馆战后标准》后,美国公共图书馆协会又于1956年和1966年两次发布全国性标准。1966年的标准不仅重申了公共图书馆的多元使命,还明确提出了为所有文化提供平等服务的使命[28]。英国1962年的《布迪伦报告》和1964年的《公共图书馆与博物馆法案》虽然没有明确界定公共图书馆的使命,但它们提出的"全面高效服务"的目标却为公共图书馆的使命扩张留下了广阔空间。

　　公共图书馆使命的扩展伴随着服务领域的迅速扩大。在英国,公共图书馆对儿童的服务、对学校的支持、对社区的上门服务、对技术和商务信息的提供等,都得到扩展,图书馆利用率明显攀升[29]。同时,对多元文化的支持开始渗透于图书馆服务的所有方面。在美国,公共图书馆在文献资源建设、人员配置、图书馆活动安排等方面都开始给予少数民族文化以特别关注,例如,大多数图书馆都开始强调馆藏资源的语种要与当地种族构成相匹配[30]。

5　萎缩时期的公共图书馆使命：在功能设计中优化

从20世纪70年代末开始，随着英国和美国分别进入经济衰退时期和政治上的保守时期（在1979年的英国大选中，保守党成为执政党；在1980年的美国大选中，共和党成为执政党），这两个国家的公共图书馆也进入了萎缩时期。由于保守政府采取鼓励私营部门，压缩公共部门的执政路线，公共图书馆从政府获得的支持力度明显减小。这样的政治环境加上停滞不前的经济发展水平导致公共图书馆的经费开始萎缩。

在这样的背景下，美国公共图书馆的使命发生了两大显著变化：一是对全国性"统一使命"的反思；二是对"膨胀的图书馆使命"的反思。第一种反思大致始于对1966年标准的修改计划：公共图书馆协会于1970年尝试修订1966年标准，但修订小组很快就发现，全国性标准很难适应各地的图书馆状况。经过仔细考虑，公共图书馆协会于1971年放弃了修改全国标准的企图，改为制定能适应地方需要的指导性框架。新思路产生了两大结果：一是1979年发布的《公共图书馆使命陈述及其对服务的必要性》；二是1980年出版的《公共图书馆计划过程》。《公共图书馆使命陈述及其对服务的必要性》明确提出，公共图书馆应该放弃它的文化教化和同化使命，而使自己成为服务于多元文化遗产的教育、文化、信息组织[31]。《公共图书馆计划过程》则为公共图书馆根据自身使命制定可操作性发展战略提供了程式化指南。公共图书馆协会希望通过这两套文件的配合使用，引导各地公共图书馆更有效地形成与当地情况相适应的使命陈述和发展规划。

第二种反思开始于20世纪70年代初。早在1972年就有学者指出，公共图书馆不可能为所有人做所有事（public libraries can no longer be all things to all people），它们需要确立自己的基本使命，以便集中使用资源[32]。20世纪80年代初，美国著名图书馆学家马丁（Martin）[33]

再次指出,美国公共图书馆在诞生后的100多年中,使命范围不断扩大,但在经费日渐萎缩的情况下,图书馆将很难兼顾所有使命,它们必须学会集中使用资源去完成若干选择性使命。为此,马丁提出了功能设计(role setting)概念。"功能设计"指各图书馆根据当地情况,从公共图书馆的功能序列中选择若干项,作为本馆在特定时期的基本功能和辅助功能,然后设计相应活动来实现这些功能。

"功能设计"概念与公共图书馆协会正在进行的"从全国性标准到地方性标准"的转变不谋而合。20世纪80年代中期,美国公共图书馆协会正式采纳了"功能设计"概念并出版了著名的《公共图书馆计划与功能设计:选项与程序指南》[34]。该指南总结了公共图书馆的八大功能,建议各馆从中选择二至四项进行重点建设,被选中的功能就构成了该图书馆的核心使命。这八大功能包括:社区中心(作为社区活动和社区会议的核心场所)、正规教育支持中心(辅助各年龄段的学生完成正规教育计划和课程)、自主学习中心(支持所有年龄的读者自主学习)、通俗读物中心(为所有年龄段的读者提供通俗读物)、学龄前儿童启蒙中心(通过面向儿童的服务活动,激发儿童的阅读和求知兴趣)、参考咨询中心(为社区居民的工作和生活提供准确的、及时的和有用的信息)、研究中心(支持学者针对特定问题开展专深研究和知识创新)。为了保证设计过程的科学理性,指南还包括了详细的社区调研指导(包括如何确定研究深度、调研对象、数据来源,如何收集和分析数据),以帮助图书馆将功能选择建立在对环境深入调研的基础之上。

根据斯蒂芬思(Stephens)[35]的调查,从1987—1994年,根据美国公共图书馆协会指南进行功能设计和使命陈述的图书馆逐年增加,1988年有70所图书馆从八大功能中选择了自己的功能/使命;到1994年,这一数字已增加到617所[36]。费城图书馆是较早采纳设计指南的图书馆之一。在其1991—1995五年计划中,费城图书馆从八大功能序列中选择了四项:求知者中心(为所有年龄段的求知者提供教育资源)、问题解答中心(参考资料中心)、通俗读物中心(提供从畅销书到商业周刊等各类通俗资料)、小读者的大世界(面向学龄前儿童的活动中心)[37]。

20世纪80年代末到90年代,"公共图书馆功能设计"概念也开始被其他国家认同。在英国,负责公共图书馆事务的"艺术与图书馆办公室"于1991年出版《设置公共图书馆的目的》。这份文献明确提出,"公共图书馆是社区的主要设施;它的使命在于保证和鼓励社区内的个人或团体全面获取图书、信息、知识和文学艺术成果,从而鼓励他们积极参与社会的文化、民主和经济活动,帮助他们参加正式的或非正式的教育计划,辅助他们建设性地利用闲暇时间,促进阅读和写作能力,鼓励他们使用信息和理解信息价值"[38]。1993年出版的《科米迪亚报告》[39]指出,英国公共图书馆承担着任何其他公共设施都无法比拟的宽泛责任,但使命的膨胀也给公共图书馆带来了负面影响:图书馆试图以有限的资源为所有人做所有事,结果却常常顾此失彼,反而失去了自己的核心使命和竞争力。从90年代中期开始,英国政府要求地方图书馆局通过制订计划来明确图书馆的目的及其实现途径。根据要求,地方图书馆当局必须向分管图书馆工作的国家文化、传媒和体育部提交当地图书馆计划书。该计划书包含两个部分。第一部分每三年提交一次,内容包括:①关于当地政府、社区和图书馆服务的一般信息;②对图书馆服务的中期评估;③今后三年的目标与工作计划。第二部分每年提交一次,内容包括:①与其他图书馆当局服务效果的比较;②与预定目标的比较;③下一年度的短期目标;④实现目标的行动计划。这个计划过程持续到21世纪初,后来被文化、传媒与体育部的新公共图书馆发展思路所取代。

6 进入新世纪的公共图书馆使命:在社会影响力驱动下巩固

美国公共图书馆协会于1987年出版的《公共图书馆计划与功能设计:选项与程序指南》虽被很多图书馆采纳,但它在应用中也暴露了不少缺陷。首先,一些图书馆发现,指南所建议的公共图书馆功能序列在概念上不够清晰;其次,虽然指南配备了大量的经验调研工具,但设计结果还是与公众的需求存在差距。D'Elia 和 Rodger[40]的调研显示,公众对公共图书馆功能的排序是:正规教育的辅助中心、自主学习中心、学龄前儿童启蒙中心。但斯蒂芬思的调研显示,图书馆最普遍选择的功能却是:通俗读物中心(95%)和参考资料中心(76.4%)[41]。

为了克服1987年指南的局限,美国公共图书馆协会于1998和2001年对该指南进行了两次修订[42-43]。新指南将"功能设计"(role setting)改为"服务响应"(service responses)。1998年和2001年的指南都包括13个"服务响应":①扫盲(basic literacy):为维持基本阅读能力、满足基本阅读需求而提供的服务。②商务和职业信息(business and career information):为满足商业、企业、个人工作、求职过程所需信息而提供的服务。③共享空间(commons):为满足人们交往需要和社区事务讨论需要而提供的共享空间和服务。④社区导引(community referral):为引介社区内其他机构或组织的服务而提供的信息和服务。⑤消费信息(consumer information):为帮助社区居民获取消费信息而提供的服务。⑥文化理解(cultural awareness):为帮助社区居民了解自己的文化遗产和其他文化遗产而提供的服务。⑦流行话题与图书(current topics and titles):为社区居民了解文化及社会动向、满足娱乐需要而提供的服务。⑧正式教育支持(formal learning support):为辅助各年龄段的学生完成正规教育计划而提供的服务。⑨一般信息(general information):向用户提供与日常工作、学习和生活问题相关的各类信息或解答。⑩政府信息(government information):向用户提供有关政府部门或政府官员的信息,以便他们能正常行使民主权利。⑪信息素养(information literacy):帮助用户培养信息查询、评价及利用技能。⑫终身教育(lifelong learning):满足用户自主学习的需求,帮助他们实现个人发展。⑬地方志与家谱(local history and genealogy):满足用户了解自家或地方遗产的需求。与1987年指南不同的是,最近两版指南把图书馆的功能细化为更具体的"服务包",进一步明确了每组服务所针对的社区需求;此外,它们还比1987年指南更注重社区成员对功能设计过程的参与。新版设计指南的术语转换(从"功能设计"到"服务响应")以及设计思路的转变(在更大程度上关注社区需求和社区成员的参与)表明,它比以往的指南更注重通过功能设计强化图书馆的社会影响力。

在英国,由于1997年开始的"公共图书馆计划"并没有彻底扭转公共图书馆的"不景气"状况——公共图书馆对择业人员的吸引力继续降低,利用率持续下滑[44],文化、传媒与体育部于2002年终止了公共图书馆计划,并于2003年出版了未来十年英国公共图书馆使命框架——《未来框架:新十年的图书馆、学习和信息》(Framework for the Future:Libraries, Learning and Information in the Next Decade)[45]。该框架提出,未来十年英国公共图书馆的主要使命是"促进阅读和学习、帮助获取数字技能和服务、促进社会和谐和公民权利"。"促进阅读和学习"的使命要求公共图书馆发挥传统优势,培养全民阅读兴趣和求知热情;"帮助获取数字技能和服务"的使命要求公共图书馆利用2002年完成的"人民网"为社区居民提供广泛的数字化服务和设施,如建设和维持当地的社区网站(社区在线)、为社区居民提供数字化文化资源(文化在线)、为当地居民获取全国网络资源等;"促进社会和谐和公民权利"的使命则要求图书馆继续充当社区中心,并为所有人提供其民主参与所需的信息。

美国的"服务响应"和英国的"未来框架"作为两国公共图书馆在新世纪初的使命框架,在很多方面迥然不同:前者是行业协会的产物,后者是主管政府部门在广泛咨询行业组织意见的基础上形成的产物;前者为图书馆形成具有地方特色的使命提供着选择指南,后者则为图书馆确认未来十年的共享使命(shared sense of purpose)提供着界定框架;前者融入了更鲜明的经验主义研究思路,后者体现着政府主管部门和专业组织的共识。但力图让公共图书馆产生更显著的社会影响却是二者共同的出发点:前者为此将公共图书馆的使命更紧密地维系于社区需求,后者则让图书馆使命紧扣未来十年英国社会的两大主题——数字社会与包容型社会。

7 结语

对整个公共图书馆界来说,使命陈述宣布了一个行业的目标,是公共图书馆作为社会机构存在的重要依据。对个体图书馆来说,使命陈述既是图书馆管理的工具,也是图书馆之所以成为社区存在的理由注解。然而,要恰当界定公共图书馆在特定时期的使命并非易事。对自身能力判断失误、对社会需求有失敏感、对环境变化无知、对公共图书馆的历史与价值观缺乏了解等,都可能导致公共图书馆使命的迷失。一个半世纪的公共图书馆发展史贯穿了公共图书馆审视自身使命、适时调整方向,以保持自身活力的努力。因此,公共图书馆的发展史同时也是一部公共图书馆使命的探索史。

这个不懈的探索过程使公共图书馆的使命经历了若干显著的变化:从信仰的产物转变成了经验主义的产物;从一元化的教育教化使命转变为包括教育、信息、文化在内的多元使命;从注重职业理念到注重社会需求;从强调全国标准到强调地方特色。与此相适应,使命的陈述方式也越来越正规化:由图书馆制定、由主管部门审核批准、由社区监督的图书馆长期计划已成为公共图书馆阐述自身使命的普遍工具。

这个过程也见证了图书馆职业在回答"公共图书馆的使命究竟是什么"的问题时的几度彷徨,几度迷失。19 世纪末,图书馆的教育教化使命曾点燃很多公共图书馆员的激情,但它很快就因偏离读者需求而遭遇挫折;后来提出的信息保障使命曾为公共图书馆注入了新的活力和存在理由,但它早在美国麦卡锡政府封锁共产主义信息时就出现过蹒跚,而今又面临着互联网的冲击;20 世纪 60 年代提出的多元文化使命比多元文化的社会现实迟缓了数个节拍,直到如火如荼的民权运动才把它唤醒。这些彷徨和迷失表明,在任何时候,公共图书馆对自身使命的认识都可能存在局限,重要的是,公共图书馆不被自己的局限捆住手脚,失去探索的能力。在21世纪,公共图书馆将对自身的使命进行哪些扬弃还不得而知,但从英国和美国在21世纪的头三年里就相继提出新的使命框架来看,探索还将继续。

参考文献

1 Vincent Ida. Public libraries in New South Wales,1935－1980:A study in the origins,transformation,and multiplication of organisational goals. Library Quarterly,1981,51(4):363－379

2 Jones Noragh. Long day's journey into night. New Library World;1976,77(909):56－57

3 Harris M H,Spiegler G. Everett,ticknor and the common man:The fear of societal instability as the motivation for the founding of the Boston Public Library. Libri,1974,24(4):249－276

4 钱乘旦,陈晓律.英国文化模式溯源.上海:上海社会科学院出版社,2003

5,9,10,23,31 Wiegand Wayne A. Tunnel vision and blind spots:What the past tells us about the present. Library Quarterly,1999,69(1)

6,13 Black Alistair. A new history of the English public library:Social and intellectual contexts,1850－1914. London:Leicester University Press,1996:95,174

7,11,16 Sturges P. Conceptualizing the public library 1850－1919//Kinnell Margaret,Sturges Paul(eds.) Continuity and Innovation in the public library:The development of a social institution,pp. 29－47. London:Library Association Publishing,1996:40

8 Rubin Richard. Foundations of Library and Information Science. New York:Neal-Schuman Publishers,1998:233

14,24,25,29,44 Moor Nick. Public Library Trends. London:Acumen,2003

15 Kelly Thomas. A History of Public Libraries in Great Britain,1845－1975. London:Library Association,1977:216

17,19 Goulding Anne. "Public Library" lecture notes. Loughborough University,1998

18,22 Clayton Patti. Book Review of Librarianship and Legitimacy:The Ideology of the Public Library Inquiry by Douglas Raber. Progressive Librarian,1998/99(15). Available from:http://www. libr. org/pl/15_Clayton. html

20 Whiteman Philip. Public libraries since 1945:The impact of the McColvin report. London:C. Bingley,1986:6

21,28　Chernik Barbara E. Introduction to library services. Englewood,CO:Libraries Unlimited,INC. ,1992:77

26,27,30　Rubin Richard. Foundations of Library and Information Science. New York:Neal-Schuman Publishers,1998

32　Bone L E. The public library goals and objectives movement:Death gasp or renaissance?. Library Journal,1975,100(13):1283 – 1286

33　Martin L. A. The public library:Middle-age crisis or old age? Library Journal,1983(January 1):17 – 22

34　McClure C. et al. Planning and role setting for public libraries:A manual of options and procedures. Chicago:American Library Association,1987

35　Stephens Annabel. Assessing the public library planning process. Norwood,N. J.:Ablex Pub. ,1995

36,41　Cha Mikyeong,Pungitore Verna L. Compliance with public library in the State of Ohio. Library & Information Science Research,20(1):69 – 98

37　Judy Quinn,Michael Rogers. Free library of Philadelphia unveils five year plan. Library Journal,1991(May 15):14 – 15

38　Office of Arts and Libraries. Setting objectives for public library services. London:Office of Arts and Libraries,1991

39　Comedia. Borrowed Time? London:Comedia,1993

40　D'Elia George et al. The impact of the internet on public library use:An analysis of the Current Consumer Market for Library and Internet Services. Journal of The American Society For Information Science And Technology,2002,53(10):802 – 820,802

42　Himmell E. ,Wilson W. J. Planning for Results:A Public Library Transformation Process. Chicago,IL:American Library Association,1998

43　Nelson S. The new planning for results:A streamlined approach. Chicago,IL:American Library Association,2001

45　Department for Culture, Media and Sport. Framework for the future:Libraries, learning and information in the next decade. London:DCMS,2003

公共图书馆存在的理由：
来自图书馆使命的注解

1 引言

公共图书馆为什么要存在？对图书馆职业来说，这个问题如同"人为什么要活着？"的追问一样根本，但也像后者一样经常被忽略。图书馆职业是一个专注于日常事务的职业，因而常把"存在"等根本问题留给坚定不移的职业信念去消解。然而在很多时候，例如，当图书馆与其他公共服务竞争资源的时候、当觉醒了的公众意识要求图书馆物有所值的时候、当政府不再情愿为图书馆增加或支付经费的时候、当人们相信公共图书馆可以被互联网取代的时候，图书馆职业就会发现，他们不得不为自己的机构做出令人信服的答辩。

图书馆职业为公共图书馆提供的合理性答辩大致来自两个层面："职业—社会制度"层面和"图书馆—社区生活"层面。"职业—社会制度"层面的答辩旨在揭示公共图书馆作为一种机构对特定制度（如民主制度）的价值，以及公共图书馆服务作为一种分工对社会进步的价值。近年来，我国学者范并思、蒋永福、李国新等关于公共图书馆制度依托的阐释——即公共图书馆是民主社会保障公民平等地获取知识和信息的制度安排——就是这样的答辩。"图书馆—社区生活"层面的答辩则试图揭示公共图书馆对于其服务的社区的责任和价值，从而为图书馆耗费的不菲经费和占据的众多就业岗位提供理由（在这里，

"社区"指图书馆所服务的地区及其居民)。公共图书馆的使命陈述（mission statement）——对自身责任与任务的陈述——就是这样的答辩。

在公共图书馆的利益相关者（特别是决定图书馆经费水平的政治家、捐赠者）眼中，第二个层面的理由或许更直观具体，也更容易理解。因为在政治家眼中，公共图书馆的存在理由，特别是它作为公共品而存在的理由首先是一个实实在在的政治问题：公共图书馆一旦作为公共品存在，就需要依赖税收，而有关税收的任何决定都可能带来政治后果（如在有些国家，它可能影响到选举结果）。因此，公共图书馆提供给政治家们的存在理由至少要让他们相信，图书馆服务产生的益处能抵消其开支带来的政治成本。在公共图书馆的捐赠者（比较纯粹的捐赠者）眼中，公共图书馆的使命就是他们个人价值观的表述：它以财富为参照，折射出捐赠者对世界及人生的感悟。因此，公共图书馆提供给捐赠者们的存在理由至少要让他们相信，图书馆具备实现他们价值观的能力。正是在这个意义上，美国图书馆学家怀特曾告诫图书馆职业，不要跟图书馆资助者们（特别是政治家）谈抽象的职业理念，而是要把职业贡献表述成他们感兴趣的话语[1]。上述第二个层面的理由，即公共图书馆的使命陈述，显然更接近于这种话语。

对公共图书馆来说，第二层理由的重要性还表现在，它比第一层理由具有更直接的物质寓意。因为至少从理论上说，任何使命的履行都需要成本；政府和其他利益相关者一旦认可某种图书馆使命，就应该为它提供相应的经费支持。例如，如果政府认可教育使命为公共图书馆存在的理由，那么，他们就需要为公共图书馆提供用来举办培训讲座、采购教学或自学用书、支持学校教学活动的经费①；如果政府认可信息服务为公共图书馆的存在理由，他们就需要

---

① 2002—2003年度，英国公共图书馆为此获得的经费是5.41英镑/学生[2]。

为公共图书馆提供信息收集与开发经费。图书馆使命、存在理由、运行经费之间的这种关联,同时也意味着,公共图书馆的管理者需要首先明确图书馆的使命,然后才能为图书馆的生存及发展争取应得的经费。

基于对公共图书馆使命的上述理解,本文希望对当代公共图书馆的使命进行以下两方面考察:①考察世界范围内主要政策性/纲领性文献对公共图书馆使命的阐述;②以现有图书馆学文献中的经验数据为依据,考察这些使命作为当代公共图书馆存在理由的效度(即它们是否足以向利益相关者证明,公共图书馆应该成为社区的存在)。通过这样的考察,本研究希望为我国公共图书馆思考自身使命提供启迪。

2 关于公共图书馆使命的陈述

在公共图书馆的发展史上,公共图书馆的使命问题,即公共图书馆究竟应该为它所服务的社区承担什么责任的问题,从来就不是一目了然的。为了帮助公共图书馆恰当定义自己的使命,世界图书馆职业进行了不断的探索,公共图书馆的使命也从最初的教育教化发展为包括教育、文化传播、信息服务等内容在内的多重使命。可以说,公共图书馆的发展史就是一部公共图书馆使命的追问史。

在这个过程中,世界图书馆界(包括相关的国际组织)产生了很多对公共图书馆使命进行阐释的纲领性文献。比较著名的文献包括:联合国教科文组织的《公共图书馆宣言》(1949,1972,1994),美国公共图书馆协会的《公共图书馆使命陈述及其对服务的必要性》(1979),《公共图书馆计划与功能设计:选项与程序指南》(1987),《面向结果的计划:图书馆变革过程》(1998),《新编面向结果的计划:流水作业法》(2001),英国艺术与图书馆办公室的《确定公共图书馆的目的》(1991),英国文化、传媒与体育部的《未来框架:新十年的公共图书馆、学习和信息》(2003)。其中有些文献(如英国《未来框架》)的宗旨是为特定时期的公共图书馆提供统一的努力方向,有些则试图为各地图书馆确认各自的努力方向提供参考性框架,但不管怎样,它们都曾经是公共图书馆界解读自身使命的重要蓝本,有些依然是。

上面提到的《公共图书馆宣言》是联合国教科文组织为表明该组织对公共图书馆的立场并倡导政府部门、教科文组织、社会工作者对公共图书馆的支持,于1949年发布,并于1972、1994年修订的文献。1994年的《公共图书馆宣言》分四个方面阐释了公共图书馆的使命:教育、文化、信息、扫盲(维持读写能力)。半个多世纪以来,《公共图书馆宣言》已经成为很多国家公共图书馆确认努力方向、确立存在理由的重要依据。《公共图书馆的使命陈述及其对服务的必要性》是美国公共图书馆协会于1979年出版的、集中阐述美国公共图书馆使命的文献。它在考察美国社会发展趋势的基础上,提出了十大公共图书馆使命。当时,美国公共图书馆协会正在酝酿放弃制定全国性标准,改为向地方图书馆提供参考性框架,这份文献就是这个过渡过程的产物。《公共图书馆计划与功能设计:选项与程序指南》是美国公共图书馆协会于1987年出版的另一份重要文献,其宗旨是指导各地公共图书馆根据本地实际情况进行功能(角色)设计,并以此为依据确认图书馆使命、制定图书馆规划。该文献提出的一个重要概念就是功能设计(或"角色选择"),它指出,过去一个多世纪中,公共图书馆作为整体对社会承担的责任越来越多,但由于资源限制,任何图书馆都不可能同时履行公共图书馆的所有责任;它建议每个公共图书馆从它归纳的八大功能序列中选择二至四项进行重点建设,并以此为依据阐述自己的使命,然后制订相应的行动计划来实现这些使命。从20世纪80年代末到90年代,根据该指南进行功能设计和使命陈述的美国公共图书馆数量逐年增加[3]。1998年的《面向结果的计划》和2001年的《新编面向结果的计划》都是对1987年指南的修订,2003年版采用了更程式化、更简练的步骤。新版指南将"功能设计"(role setting)改为"服务响应"(service responses),其设计思路也更注重社区参与和社区需求。英国的《未来框架：新十年的图书馆、学习和信息》是工党政府的文化、传媒与体育部在广泛征求专业团体意见的基础上,为公共图书馆提出的新使命。该文献产生于英国公共图书馆事业持续暗淡、中央政府试图强化其对地方图书馆事业控制力度的背景下,它希望能统一公共图书馆对自身使命的认识,使全国公共图书馆形成共同的方向感(shared sense of purpose)。表1 所列的就是几份主要的公共图书馆文献对公共图书馆使命的阐述。

表1 世界主要公共图书馆文献对公共图书馆使命的陈述

使命	主要公共图书馆文献中的相关陈述		
	公共图书馆宣言（1994）	新编面向结果的计划（2001）	未来框架（2003）
教育	支持个人自学以及各级正规教育；支持个人开发其创造力；激发儿童与青年的想象力和创造力	辅助各个年龄段的学生完成正规教育计划；满足用户自主学习的需求,帮助他们实现个人发展	建立支持正规教育的学习网；倡导自主学习；辅助儿童启蒙教育；与学校建立联系,支持学校工作；充当远程教育参加者的学习中心
信息素养教育	提高利用信息和计算机的能力	帮助用户培养信息查询、信息评价及信息利用等技能	帮助获得信息技能
培养阅读习惯	培养和加强儿童从小阅读的习惯		鼓励儿童对图书馆的利用、开展各类阅读促进活动
扫盲（维持读写能力）	支持、参与并在必要时组织不同年龄组的扫盲活动与计划	维持基本阅读能力、满足基本阅读需求	帮助阅读和写作能力低于11岁儿童水平的成人获得阅读和写作能力

续表

使命	主要公共图书馆文献中的相关陈述		
	公共图书馆宣言（1994）	新编面向结果的计划（2001）	未来框架（2003）
信息服务	确保居民获得各种社区信息；向当地企业、社团和利益集团提供必要的信息服务	满足商业、企业、个人工作、求职过程所需信息；帮助用户了解社区机构与服务；帮助社区居民获取消费信息；向用户提供与日常工作、学习和生活问题相关的各类信息或解答；向用户提供有关政府部门或政府官员的信息，以便他们能正常行使民主权利；满足用户了解自家或地方遗产的需求	利用2002年建成的人民网提供各类信息，包括政府信息
传播文化	提高对文化遗产的认识，对艺术的鉴赏力以及对科学成就与发明的了解；提供通过各种表演艺术来表现文化的途径；促进文化间的对话和文化多样性；发扬口头传统	帮助社区居民了解自己的文化遗产和其他文化遗产；帮助社区居民了解文化及社会动向、流行话题与流行图书，满足娱乐需要	利用2002年建成的人民网创建和提供"文化在线"
促进社会和谐与公民权利		为人们的交往需要以及社区事务讨论提供共享空间和服务	为社区提供安全、温馨、面向所有人的空间；充当社区的公共港湾；主动为非用户提供服务；为弱势群体提供信息保障；帮助建立社区身份意识，减少社会排斥

注：《未来框架》把英国公共图书馆的使命归在三个标题之下：促进阅读和学习、帮助获取数字技能和服务、促进社会和谐和公民权利。第一个标题包含图书馆的教育使命，最后一个标题包含图书馆的信息服务使命。

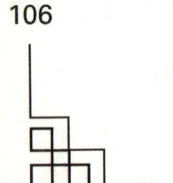

3 教育使命对公共图书馆存在理由的注解

根据表1文献的阐释,教育使命是指图书馆对社会承担的以下职责:对从事正规教育的所有年龄段的学生提供学习支持,辅助他们完成正规教育计划;鼓励自主学习,培养公众的终身学习习惯,帮助他们实现个人发展。在实现这个使命的过程中,除了提供正规教育者和自主学习者需要的学习空间和资料外,上述文献还建议图书馆从事以下相关活动:为学校课程配备相应的阅读计划、形成全国性作业辅导网、与社区内的学校建立伙伴关系、制订假期阅读计划、组织假期阅读活动、充当远程教育参加者的学习中心[4]。

19世纪中期到20世纪初,教育使命曾经是公共图书馆对社会承担的基本职责,也是政治团体和社会力量认可公共图书馆合理性的基本理由。当时一些致力于社会改良的政治家与慈善家相信,公共图书馆可以通过免费传播好的图书为所有人提供自我教育机会;它们还可以在下层人民中培育阅读兴趣和高雅情趣,使他们亲近知识,远离粗鄙。在讨论公共图书馆是否应该存在的政治论坛上,图书馆职业先驱(如爱德华兹)和支持公共图书馆的政治家就是依据图书馆的教育使命为其做出了强有力的辩护。在决定建设美国波士顿图书馆的1852年城市第37号文件中,图书馆董事们为波士顿图书馆确定的基本角色就是服务于波士顿居民的自我教育[5]。从一定意义上说,正是教育教化使命使公共图书馆从一个模糊的概念变成了现实。

然而,从19世纪末开始,教育使命作为公共图书馆存在的理由遭遇了持续的尴尬。图书馆的利用统计显示,尽管公共图书馆原本是因其教育教化使命而获得国家立法和地方财政的支持,但对它的实际利用却以通俗小说借阅为主。在一些图书馆,通俗小说的流通率甚至占到总流通率的80%以上[6]。这样的统计结果表明了两个可能的寓意:

第一,公共图书馆没有能力实现它承诺的教育教化使命;第二,社会公众不需要图书馆为他们承担教育教化责任,他们需要图书馆来满足其休闲阅读的需要。在这样的背景下,教育使命作为公共图书馆的存在理由开始遭受质疑,图书馆史学家 Kelly 记载了一位英国保守党议员对公共图书馆的质疑:"我不认为公共图书馆产生了任何益处;相反,他们产生了极大的危害,因为据我所知,被借阅的图书主要是流行小说,这样的书不会给任何人带来好处。"[7]面对尴尬的文献利用统计和别人的质疑,图书馆职业大体采取了一种暧昧态度。到 20 世纪中叶,公共图书馆开始更多地用信息服务使命而不是教育使命来证明自身存在的合理性[8]。

公共图书馆并没有就此放弃他们的教育使命。整个 20 世纪,公共图书馆不仅始终把教育视作自己的使命之一,还对其活动内容进行了不断创新——学校教育支撑服务(support services for schools)、作业辅导服务、各类培训讲座等,在 20 世纪都得到了长足发展[9]。教育使命作为图书馆存在的理由也在若干次社会环境变迁中(如正规教育目标的调整、终身教育的兴起等),峰回路转地受到关注。

很多迹象表明,在当代社会,公共图书馆教育使命正在重新获得广泛关注。首先,在以"后工业社会""信息社会""知识经济""学习型社会"等为核心概念的当代社会话语(如政府出版物、大众传媒)中,公共图书馆的教育作用已成常见话题。例如,在过去十几年中,欧盟在探索信息社会发展战略时,始终关注公共图书馆的作用。1995 年,欧洲委员会专门资助了"公共图书馆在信息社会中的作用"项目;2000 年,该委员会又资助了 IFLA 的"公共图书馆在终身学习中的作用"课题;近年来,为了考察公共图书馆在欧洲三大战略问题——社会包容、终身学习、就业——中的作用,欧盟又专门资助了名为"LearnEast""ASBSIDE""The Biblio. for. mEDA"等项目。从 20 世纪 90 年代开始,英国政府也在多种场合、多份政府报告中高度评价公共图书馆的教育作用:"公共图书馆对于政府的[战略目标]可以产生重要贡献。它们通过为学校儿童、学生和从事终身教育的人提供必不可少的支持,支撑着我们的教育"[10]"公共图书馆作为'街角大学'对于促进教育和社会包容起着关键作用"[11]。其次,很多经验数据显示,公共图书馆的教育功能也是当代公众最需要的功能之一。根据 D'Elia 和 Rodger 1994 年的调研,美国公众认为最重要的公共图书馆功能依次是:正规教育的辅助中心、自主学习中心、学龄前儿童启蒙中心[12]。1996 年,美国本顿基金会确认了公众心中最重要的五大公共图书馆活动,"为儿童组织阅读和活动"名列榜首[13]。2002 年,由美国图书馆协会委托的一项调研显示,教育是美国公众最常提到的使用公共图书馆的理由[14]。另外一项美国调研显示,对很多非传统学生(即成人教育的学员)而言,公共图书馆是他们主要的学习中心[15]。近年来,已有学者提出,互联网有可能进一步强化教育使命的相对重要性。他们认为,在公共图书馆历史上,教育使命的首要位置曾让位给信息服务,但由于互联网的海量信息大大降低了人们自己查询信息的成本,所以,教育使命应该重归首席。为此,美国学者 Crowley 这样呼吁:"公共图书馆若要生存下去……公共图书馆员必须带它去寻根,寻教育之根。目前这种把公共图书馆当作信息汇聚者和提供者的模式必须改变。"[16] Berry Ⅲ也认为,在当代社会,公共图书馆的教育使命比任何其他使命都更容易得到资助者的理解和认可[17]。

4 信息服务使命对公共图书馆存在理由的注解

根据表 1 公共图书馆文献的阐述,信息服务使命是指公共图书馆为社区承担的以下责任:针对特定问题(个人或组织在从事职业活动、日常生活、兴趣爱好时产生的各类问题)提供参考资料、具体知识、信息或直接答案。表 1 的阐述还表明,公共图书馆信息服务的主要领域包括政府信息、商业/企业信息、工作信息、关于社区情况的信息(如社区服务、设施和活动)、与日常工作/学习/生活问题相关的信息;美国公共图书馆协会的指南还包括了消费信息。

尽管公共图书馆从一开始就在一定程度上提供上述信息服务[18]，但把信息服务纳入公共图书馆的核心使命，并以此证明图书馆存在的合理性，大约始于20世纪中叶[19]。此后，在一些国家（如美国），信息服务甚至取代教育成为公共图书馆存在合理性的主要理由。20世纪70—80年代，仅社区信息服务一项就曾为很多公共图书馆赢得了额外的经费支持[20]。到20世纪末，根据美国学者Crowley对美国公共图书馆的观察，"信息服务被奉为至尊，终身教育尚被容纳，而消遣功能则被视为难堪"[21]。

目前，信息服务作为公共图书馆存在理由的地位似乎正面临着巨大的不确定性。互联网的迅速普及、互联网上可获得信息的持续快速增长以及Google等搜索引擎的存在，至少已让一部分人开始怀疑图书馆在该领域的价值，"在掌管图书馆经费的决策者们聚集的[地方]，近年来最经常听到的疑问就是'在互联网时代，我们还需要图书馆吗？'"[22]；不少公众也开始为这种质疑提供亲身经历作为证据。在图书馆职业内部，一些学者也主张公共图书馆应该重新考虑信息服务使命的相对重要性[23-24]。

信息服务作为公共图书馆的合理性依据是否会彻底失去意义——不再被利益相关者认可，也不再为公共图书馆带来相应经费——目前还无法确知，但相关统计资料和经验数据似乎表明，至少在可见的未来，公共图书馆信息服务对于普通公众还具有显著价值。这些统计资料首先显示，在真正实施这一使命的地区，公共图书馆依然是公众获取信息的主要渠道，对互联网的使用并没有改变这一状况。D'Elia等的调研显示[25]，截至2002年，在接受调研的美国公众中，66.4%的人是公共图书馆用户，53.2%的人是互联网用户；其中75%的互联网用户同时也是公共图书馆的用户，60%的公共图书馆用户同时也是互联网用户；而在驱使公众使用公共图书馆的理由中，查询信息是最重要的理由之一（见表2）。另外一项加拿大调研显示[26]，在用户使用图书馆的理由中，获取信息列于首位（38%的用户去图书馆是为了查询信息，而借阅图书和学习则分别为28%、23%）。同一份调研还显示,在考虑到互联网影响的情况下,40%的用户依然认为,未来的图书馆会比现在更重要,42%认为它会跟现在一样重要。1996年的美国本顿报告也发现,在考虑互联网影响的情况下,美国公众依然把"在馆员帮助下查询所需信息"视为公共图书馆最重要的功能之一[27]。其次,统计资料显示,随着互联网的普及,用户对公共图书馆的实际咨询数量并没有减少。例如,在美国,90年代中期以来,虽然互联网普及率逐年提高(2002年的NTIA调研因此把美国称作"在线国家"[Nation-online]),但同期的公共图书馆参考咨询数量却保持稳定(见表3)。美国匹兹堡卡内基图书馆的统计显示,目前,他们每个月处理的电话咨询数量均超过5000次[28]。此外,几乎所有的相关调研[29-32]都显示,在通过互联网获取信息的人群中,很多人使用的是公共图书馆的互联网服务。最近的一项调研显示,在美国社会中,到图书馆使用互联网服务的人数呈上升趋势[33]。

表2 为了信息查询而使用图书馆的用户占公共图书馆用户的比例

使用图书馆的目的	占图书馆用户的比例
查找我需要的信息	80.3%
查找与个人兴趣相关的信息	77.6%
查询与个人研究兴趣相关的信息	55.9%
查询政府信息	40.4%
查询地方史/家谱	41%
查询商务信息	36.5%
查询消费品信息	34.0%
查询社区信息	32.6%
查询工作信息	29.5%

来源:D'Elia,George,et al. The impact of the internet on public library use: An analysis of the current consumer market for library and internet services. Journal of the American Society for Information Science and Technology,2002,53(10):802-820.

表3 英美公共图书馆1994—2003年间回答参考咨询的数量(人均)

	1994	1995	1996	1997	1998	1999	2000	2001	2002	2003
英国	0.96	0.93	0.91	0.88	0.84	1.04	1.01	0.97	1.0	0.98
美国	1.0	1.1	1.1	1.1	1.1	1.1	1.1	1.1	1.1	1.1

来源:英国的数据2000年以前来自欧盟图书馆统计数据库LIBECON网站:http://www.libecon.org/default.asp;2001年以后来自LISU.Library and Information Statistic Tables.Loughborough:LISU。美国数据来自:National Center for Education Statistics. Public Libraries in The United States:http://nces.ed.gov/surveys/libraries/pub_public.asp

互联网之所以并没有像人们预期的那样终结公共图书馆的信息服务使命,可能是因为公共图书馆所满足的那部分信息需求通常都不是其他信息渠道(包括商业化渠道和互联网)关注的重点。例如,对社区信息的需求就很少被其他渠道关注。这类需求往往仅限于具体社区,需求规模相对狭小,很难吸引商业化渠道对它的投入。互联网上可能零碎地、无计划地积累起一部分相关信息(如有些社区设施会通过自己的网站提供相关信息),但它无法与图书馆所从事的系统的社区信息服务相比。例如,在英国的克劳伊顿图书馆(Croydon Library),由图书馆提供的社区信息涵盖了克劳伊顿地区3000多机构或服务的详细情况,这些机构包括:为居民提供救助和咨询服务的机构、社区内的自助组织和协会、残疾人组织和协会、提供翻译/解说服务的组织、提供演讲服务的组织、提供家教服务的组织、社区内的音乐教师、私人诊所和治疗机构等。用户可以从图书馆的网站上直接查询数据库,也可以通过电话和其他形式向社区信息服务馆员直接咨询[34]。这样的系统性是互联网所不能比拟的。另外一个可能的原因是,公共图书馆信息服务中所体现的人文关怀是其他任何渠道不能取代的。再以克劳伊顿图书馆为例,通过数据库向用户提供社区信息并不是该馆信息服务的终点,而仅仅是一种手段,馆员还通过电话或当面解答的形式向用户直接提供答案。在很多公共图书馆,甚至馆员的直接解答都不是信息服务的终点,帮助用户解决问题才是服务的终结。因此,当公共图书馆本身不具有充分的解答能力时,馆员还提供导引服务(referral services),即把用户导向能够解答其问题的其他机构,如政府部门。充满了人文关爱的信息服务是公共图书馆的特长,在可见的未来,这样的特长很难被其他信息渠道(包括互联网)所超越。

5 促进社会和谐的使命及其对公共图书馆存在理由的注解

很多文献都提到公共图书馆的包容性及其作为社区中心的角色(如美国的《面向结果的计划》提出了"共享空间"的服务响应),但只有英国的《未来框架》明确提出了促进社会和谐(social cohesion 或 social inclusion)的使命。这个使命是指公共图书馆的以下责任:利用公共图书馆在社区内的优势和各种服务,为社区提供安全、温馨、中立、面向所有人的空间,充当社区的公共港湾;通过信息服务和终身教育服务帮助弱势群体提高参与社会生活的能力;主动寻找图书馆的"非用户",为之提供针对性服务;帮助社区居民建立共同的社区身份意识,减少社会排斥。

平等、包容是公共图书馆与生俱来的立场,但在很长时间里,它为公共图书馆存在理由所做的注解都是和教育使命及信息使命连在一起的(即图书馆提供平等包容的教育机会;保障平等自由的信息获取)。把公共图书馆的平等包容性和社会和谐联系起来,始于 20 世纪末的英国公共图书馆界(更确切地说,始于英国新工党政府)。20 世纪末,新上台的工党政府开始在英国实施新的执政理念。很多学者[35-36]把这种执政哲学归为"社区主义"(Communitarianism)或"新社区主义"(Neo-communitarianism)。这种施政哲学强调社区生活、社区价值观和社区关系(相对于个人生活、个人价值观和个性而言)在社会发展中的作用,强调培育包容、互信、互助、相互理解的社区关系(communal relations)。受"社区主义"思想的影响,1997 年执政以后,新工党就把社会包容(social inclusion)确定为核心执政目标,而且从一开始就把公共图书馆视为重要的"社会稳定器",把图书馆职业视为实现其执政目标的重要伙伴。1999年,当时的文化大臣史密斯曾这样评价公共图书馆的社会和谐作用:"[本届]政府的最高目标之一就是解决社会排斥。文化领域的很多机构都可以为这个目标做出贡献,但很少有机构可以和公共图书馆的位置相比。"[37]继英国之后,欧洲其他国家也开始关注公共图书馆在社会包容中的作用。2004年,在欧盟重点考察的公共图书馆贡献中,社会包容就是其中一项。

很多经验证据也显示了公共图书馆在社会和谐中的价值。英国的《社会趋势》统计资料显示,访问公共图书馆始终是英国公众最喜欢的活动之一[38];公共财务与会计工作注册研究所的统计显示,英国公共图书馆访问量在过去三年还在持续增长,仅2004－2005年度就增长了300万人次[39]。不同阶层、不同背景的公众对公共图书馆的经常光顾使它成为无可置疑的社区中心。1998年,美国学者McClure和Bertot[40]在对宾夕法尼亚地区的图书馆进行调研时发现,公共图书馆在一个社区的存在能够极大地改善那个社区的生活质量。还有很多调研显示,在数字分化时代,公共图书馆正在通过其互联网服务克服信息技术带来的新的社会排斥。例如,由盖茨基金会进行的调研显示,在使用公共图书馆互联网服务的用户中,30%的人报告说,图书馆是他们能获得互联网服务的唯一场所;在贫困用户中,这一比例上升为37%[41]。在另一份调研报告中,盖茨基金会发现,"通过惠及所有社区成员,公共图书馆已经成为弥合数字鸿沟的有效途径。"[42]。这一切都显示,社会和谐作为公共图书馆存在的理由,无论在政治舞台上还是普通公众中,都已经得到广泛认可。

6 文化与娱乐使命及其对公共图书馆存在理由的注解

在阐述公共图书馆使命的主要文献中,文化使命是指图书馆通过向社区成员提供各类文化产品和活动,帮助他们开阔眼界、增长阅历、了解自己的文化和其他文化。值得注意的是,几份主要的文献都不再把娱乐使命(即满足人们消磨休闲时间的需要)界定为公共图书馆的使命,但仔细阅读这些文献不难发现,娱乐使命在经过了一定的话语包装之后,已经被纳入了文化使命。在美国的《面向结果的计划》的表述中,这种包装尤其明显。在这里,对流行文化产品(包括小说、电影等)的使用被表述成"了解文化及社会动向"。

当代社会的很多发展趋势(如全球化及由此产生的文化冲突)都对社会成员的文化素养——对文化产品的欣赏能力、对自身文化遗产的了解、对其他文化的理解等,提出了更高要求,公共图书馆的文化使命也比以往更容易获得利益相关者的支持。事实上,很多政府和组织都明确表达过对公共图书馆文化传播价值的认可,例如,2001年,英国文化、传媒与体育部在其绿皮书《文化与创造力:未来十年》中就专门谈到公共图书馆的作用:"公共图书馆是19世纪改革者和慈善家的伟大创造,它们面向所有人传播文化,被千千万万的人所热爱和使用。"[43]英国一家专门面向文化产业的研究咨询公司进一步评论说:"鉴于公共图书馆所从事的大量丰富多彩的活动,它们理应被政府视作实现《未来十年》绿皮书提出的文化目标的基本工具。"[44]

相关统计资料也显示,公共图书馆是一个文化产品极其丰富、文化活动十分活跃的场所。在真正实施这一使命的地区,公共图书馆也因此成为公众眼中独一无二的、不可取代的文化大舞台。例如,1998年,美国学者McClure和Bertot[45]在对宾夕法尼亚地区的图书馆进行调研时发现,公共图书馆针对儿童、成人及老年人提供的很多文化活动和服务是公众从其他地方无法获取的;有些活动即使可以从其他渠道获得,也往往需要高额费用。2002年,KRC研究与咨询公司(KRC Research & Consulting)为美国图书馆协会进行的调研显示,88%的美国公众认为,公共图书馆是独一无二的,因为在那里他们可以找到从网络到印刷品的任何文化产品[46]。1997年,美国教育部对公共图书馆利用情况的一项调查显示,在调研前的一个月内,44%的家庭至少有一人访问过图书馆,"为了休闲或个人爱好"是这些家庭确认的最主要的访问理由[47]。

与文化使命相比,单纯的娱乐使命似乎从来就不是公共图书馆合理性的有力注解。19世纪末20世纪初,小说的巨大流通量曾导致很多人质疑公共图书馆继续存在的必要[48]。20世纪中叶,休闲阅读的比例也成为美国"公共图书馆调研"(Public Library Inquiry)关注的问题,调研者甚至认为,消闲阅读使命可能导致公共图书馆成为美国社会可有可无的机构;20世纪80年代,休闲阅读比例又成为英国亚当史密斯研究所质疑公共图书馆之公共品性质的理由之一。相关利益者对休闲阅读的不屑态度或许就是公共图书馆文献中避开娱乐使命的原因。

7 扫盲、培育信息素养与阅读兴趣及其对公共图书馆存在理由的注解

扫盲使命是指图书馆通过提供合适的阅读材料、组织或参加扫盲活动,提高文盲用户的读写能力;培育信息素养的使命是指图书馆通过组织培训活动和相关服务,提高公众查询、评价和利用信息的能力(在当代社会,尤指通过数字化手段查询和利用信息的能力);培养阅读兴趣的使命是指图书馆通过在儿童中培养阅读习惯和在成人中推广阅读活动,使阅读成为一个社会的共同爱好和普遍习惯。

在很多文化中,阅读都被视为良好的人生习惯;在教育和社会学话语中,阅读能力经常和自我发展连在一起;而在近现代政治话语中,阅读能力又经常和民主权利连在一起。2002年,经济合作与发展组织(OECD)的一项调研曾这样评价阅读能力,"喜欢阅读和经常阅读给人带来的优势要超过拥有受过良好教育、从事好工作的父母"[49];2003年,英国文化、传媒与体育部也给予阅读能力类似的评价,"除非具有阅读能力,一个人不可能成为积极的、有见识的公民。阅读是一

切文化和社会活动的前提"[50]。这说明,在当代社会,公共图书馆的扫盲、信息素养与培养阅读兴趣使命都具有比较强的感召力。在真正实施这些使命以后,图书馆往往会成为政府或其他组织在上述领域的首选伙伴。例如,2002年年底,英国政府决定在全国各地开放6000个信息技术培训中心,其中2/3设于公共图书馆,即几乎所有的公共图书馆都被选作当地的信息技术培训中心(注:英国共有4000多所公共图书馆)[51]。

与上述三个使命相关的公共图书馆使用情况也显示了公众对它们的认可。很多调查都显示,公共图书馆是成年人获得数字技能的重要场所;Bertot等人发现,这些成年人主要是老年人、家里没有计算机的人和正在寻求继续教育机会的人[52];Moe和Lance[53]则发现,在公共图书馆获得数字化信息技能的人包括各类人群。

近年来,挑战上述使命的最显著因素是一些地区持续下降的借阅量。英国图书馆与信息统计中心的资料显示,英国公共图书馆的图书借阅量在2003—2004年度下降了6%,而在2004年之前的10年中,借阅量下降了40%;该统计中心警告图书馆界,按这样的趋势计算,到2020年,借阅活动就会消失[54]。没有借阅活动的支撑,图书馆如何承担起培养阅读兴趣甚至扫盲的使命,这将是公共图书馆在陈述其使命或存在理由时必须考虑的问题。

8 结 语

公共图书馆从来都不是一个显赫的事业,它的生存依赖地方公共财政和社会支持,它的价值经常在"润物细无声"的过程中被忽略,因而,即使在公共图书馆的发源地英国和美国,公共图书馆也从来没有对自己的存在高枕无忧,它们经常需要为自身存在的合理性进行辩护。除了从制度的角度进行辩护,公共图书馆还经常通过阐释和宣扬自己的使命向利益相关者证明自身的存在价值。这意味着公共图馆需要敏感地观察和感悟社会需求，睿智地确定自己的使命，及时调整使命重点，并且大声宣布自己的责任和价值。

世界上几份主要的公共图书馆文献都推荐了教育、信息服务、文化传播、促进社会和谐、培育信息素养、培养阅读兴趣、扫盲为当代公共图书馆的主要使命。本研究显示，这些使命在当代政治话语和社会话语中的确受到很多关注；在真正实施这些使命的图书馆，它们也都得到了较大程度的利用。尽管公众赋予每种功能的相对重要性在不同调研中不尽相同，但与教育、信息及文化相关的服务在几乎所有的调研中都名列前茅。图书馆的社会和谐使命虽然直到最近几年才被明确提出，但它已经受到信奉社区主义的政治和社会力量的高度关注，这些力量注意到，公共图书馆作为公众心目中和事实上的社区中心，在社会和谐方面发挥着其他机构无法比拟的作用。此外，扫盲、信息素养和培养阅读兴趣等使命，也都享有比较忠诚的社会支持。对于正在考虑自身使命的公共图书馆来说，上述使命不失为值得考虑的选项。

参考文献

1　White Herbert S. Public libraries and the political process. Library Journal, 1986（June 15）

2　LISU（Library and Statistics Unit）. Library and information statistics tables: Public library statistics. Loughborough, UK: LISU, 2004. http://www.lboro.ac.uk/departments/ls/lisu/list04/publib04.html

3　Stephens Annabel. Assessing the public library planning process. Norwood, N.J.: Ablex Pub., 1995

4, 50　DCMS（Department of Culture, Media and Sports）. Framework for the future: Libraries, learning and information in the next decade. London: DCMS, 2003

5, 16, 19, 21, 23　Crowley Bill. Save professionalism. Library Journal, 2005, 130（14）: 46–48

6, 18　Sturges P. Conceptulizing the public library 1850–1919//Kinnell Margaret, Sturgess Paul. Continuity and innovation in the public library: The development of a social institution. London: Library Association Publishing, 1996:29-47

7,48　Kelly Thomas. A history of public libraries in Great Britain, 1845-1975. London: Library Association, 1977, p216

8,17,24　Berry Ⅲ John N. Reposition public libraries. Library Journal, 2005, 130(14):8

9　Nick Moore. Public library trends. London: acumen, 2003

10　DCMS(Department of Culture, Media and Sport). New Library: The People's Network: The Government's Response, Stationary Office, London, 1998:1

11　Lister D. Six councils warned their libraries are sub-standard. The Independent, 20 February, 1999:8

12,22,25　D'Elia George et al. The impact of the internet on public library use: An analysis of the current consumer market for library and internet services. Journal of the American Society for Information Science and Technology, 2002, 53(10): 802-820

13,27　Benton Foundation. Buildings, books, and bytes: Libraries and communities in the digital age: A report on the public's opinion of library leaders' visions for the future. Washington, DC: Benton Foundation, 1996

14,46　KRC Research & Consulting. @ Your library: Attitudes toward public libraries survey, 2002 http://www.ala.org/ala/pressreleasesbucket/2002_Attitues_Towards_Public_Libraries.pdf

15　Antell Karen. Why do college students use public libraries?. Reference & User Services Quarterly, 2004, 43(3):227-236

20　Black Alistair, Muddiman David. Understanding community librarianship: The public library in post-modern Britain. Hants., England: Aldershot, 1997

26　Leckie G J, Hopkins J. The public place of central libraries: Findings from Toronto and Vancouver. Library Quarterly 72(3):326-372

28　匹茨堡卡内基图书馆, 2006. http://www.clpgh.org

29　Jay Margaret, Webber Sheila. Impact of the internet on delivery of reference services in English public libraries. Program: Electronic Library & Information Systems, 2005, 39(1):25-38

30,52　Bertot John Carlo, McClure Charles R, Jaeger Paul T. Public libraries struggle to meet internet demand. American Libraries, 2005, 36(7):78-79

31 Pettigrew Karen E., Durrance Joan C., Unruh Kenton T. Facilitating community information seeking using the internet: Findings from three public library-community network systems. Journal of the American Society for Information Science & Technology, 2002, 53(11): 894–903

32, 33 Chaudhuri Anindya, Flamm Kenneth S. Is a computer worth a thousand books?. Internet Access and the Changing Role of Public Libraries Review of Policy Research, 2006, 23(1): 249–266

34 Croydon Library. The community information service. http://www.croydon.gov.uk/leisure/artsentertainmentculture/libraries/communityinformationservice, 2006

35 Fyfe Nicholas R. Making Space for "Neo-communitarianism"? The third sector, state and civil society in the UK. Antipode, 2005, 37(3): 536–557

36 Driver Stephen, Martell Luke. New labour, work and the family. Social Policy & Administration, 2002, 36(1): 46–61

37 DCMS. Libraries for all: Social inclusion in public libraries. London: DCMS, 1999

38 Office for National Statistics. Social trends 1999. London: Office for National Statistics

39 CIPFA (The Chartered Institute of Public Finance and Accountancy). More visits to public libraries, 2006. http://www.cipfa.org.uk/press/press_show.cfm?news_id=26181

40, 45 McClure Charles R., Bertot John Carlo. Public library use in Pennsylvania: Identifying uses, benefits, and impacts, 1998. http://www.ii.fsu.edu/~cmcclure/paprefac.pdf)

41 The Gates Foundation. U.S. Libraries Program Evaluation. http://www.gatesfoundation.org/Libraries/USLibraryProgram/Evaluation/default.htm

42 The Gates Foundation. Towards equity of access. The role of public libraries in addressing the digital divide. http://www.gatesfoundation.org/nr/Downloads/libraries/uslibraries/reports/TowardEqualityofAccess.pdf

43 DCMS. Culture and creativity: The next ten years, 2001: 44 http://www.culture.gov.uk/NR/rdonlyres/E3C16C65-D10B-4CF6-BB78-BA449D0AEC04/0/Culture_creative_next10.pdf

44 Holden John. Creative reading. London: Demos, 2004

47 U.S. Department of Education. Use of Public Library Services by Households in

the United States,1997. http://nces. ed. gov/pubs/97446. pdf

49 OECD. Reading for change: Performance and engagement across countries results from PISA 2000. OECD Publishing

51 Source. Building on success: An action plan for public libraries. London: The Council for Museums, Archives and Libraries. 2001

53 Moe Tammi, Lance Keith Curry. Colorado public libraries & the "Digital Divide". Denver: Colorado State Library, 2002(ED482238)

54 Rushton Katherine. Lending libraries face extinction. Bookseller, 2005, December 16(Issue 5209),8

原载于《图书与情报》,2007 年第 1 期

公共图书馆的使命与服务：基于内容分析法的国内外比较研究[*]

1 引言

在公共图书馆的管理与发展中，使命与服务彼此决定。使命对服务的决定性表现在，图书馆必须依据其使命（即图书馆对其服务对象承担的责任）确定服务内容，从而保证所有服务活动都围绕使命展开、所有资源都围绕使命分配。服务对使命的决定性表现在，图书馆的使命必须通过其服务来完成，服务的范围和水平决定使命完成的程度。

我国对公共图书馆服务的讨论主要见诸以下语境：公共图书馆功能的拓展与完善[1]、面向不同人群的图书馆服务[2]、传统服务领域的创新等[3]。这些讨论试图确定究竟什么是公共图书馆的服务、图书馆应该提供哪些服务、怎样提供这些服务。遗憾的是，很少有讨论涉及这些服务背后的使命驱动，即很少揭示图书馆的日常服务如何作用于它的长久目标。所以，在很多时候，这些讨论只回答图书馆应该做什么，却没有回答他们为什么要这样做。

本研究试图将图书馆的使命与服务结合起来考察，同时将国内外图书馆为实现自身使命而开展的服务进行对比性考察。具体说来，本

---

[*] 本文与李晓新、朱艳华、刘煜蕾合写。

研究希望重点考察以下问题:①国内外公共图书馆在各自的社会中承担哪些责任?②国内外公共图书馆分别提供哪些服务来履行这些责任?我们希望这项研究得出的结论能为图书馆管理者对内进行服务内容设计、对外游说利益相关者提供参考。

2 研究方法

本研究采用的基本方法是内容分析法。内容分析法是通过客观系统地确认文本的特征,从而对研究问题形成推论的方法[4]。构成本研究分析对象的文本材料包括三个部分:①近20年来国内外公共图书馆出版/发布的纲领性文件;②国内外一组公共图书馆网站上的介绍性材料;③国内公共图书馆在历次评估之后产生的总结性材料。

2.1 公共图书馆文件分析

20世纪80年代以来,国内外都出现过不少指导公共图书馆发展的纲领性文件,例如联合国教科文组织于1994年修订的《公共图书馆宣言》,美国公共图书馆协会于1987、1998和2001年分别出版的《公共图书馆计划与功能设计:选项与程序指南》《面向结果的计划:图书馆变革过程》《新编面向结果的计划:流水作业法》,英国文化、传媒与体育部于2003年出版的《未来框架:新十年的图书馆、学习和信息》,我国文化部于1982年发布的《省(自治区、市)图书馆工作条例》以及近年来很多地方政府颁布的公共图书馆管理条例。我们从上述文件中选择了以下文本进行内容分析:①联合国教科文组织的《公共图书馆宣言》;②美国公共图书馆协会的《面向结果的计划:图书馆变革过程》;③英国文化、传媒与体育部的《未来框架:新十年的图书馆、学习和信息》;④我国近年来出现的一组地方性公共图书馆管理条例。分析过程中采用的内容编码表如表1所示。

表1 公共图书馆文件内容分析编码表

文件名称及简况				
文件名称				
国别		出版者		出版年
文件使用范围				
文件对图书馆使命的陈述				
使命陈述		使命指向的领域		使命指向的利益相关者
(使命陈述1)……		……		……
(使命陈述2)……		……		……

注:1."文件使用范围"指文件有效性涵盖的地域范围,例如我国近年来出现的地方性公共图书馆条例的使用范围一般为某个省份;2. 使命指向的领域:指使命陈述确定的责任范围,如大众教育责任、信息保障责任、文化传播责任等;3. 使命指向的利益相关者指使命陈述涉及的受益人群,如一般公众、特殊人群、政府等。

2.2 "县级"图书馆网页分析

"县级"图书馆网页分析的目的是考察国内外"县级"图书馆分别通过哪些服务完成自身使命。之所以选择"县级"图书馆作为分析对象主要是由于两方面的原因。首先,本文所报告的研究构成了国家哲学社会科学基金项目"面向学习型社会主义新农村建设的县级图书馆功能设计"的组成部分;集中考察"县级"图书馆可以为该项目提供更有针对性的研究证据。其次,在国外,与我国"省级公共图书馆"相对应的图书馆类型经常难以确定,例如,从表面上看,与我国省级图书馆比较接近的图书馆类型在美国应为州立图书馆,在英国应为"郡级"图书馆,然而,美国的州立图书馆通常不被视作公共图书馆体系的组成部分(NCES,1996),而英国的"郡级"图书馆在很多地方根本就不存在。

为了便于比较,我们选择以下样本的网页信息进行分析:①从google上搜索到的、内容相对完整的我国县级图书馆网页,本研究共收集到湖南、湖北、浙江、广东等地 36 个县级图书馆的网页。②美国县（county）级地方政府设置的中心图书馆，原则上以州为单位，每州选取一个样本，但有些州（如新罕布什尔州、佛蒙特州等）由于没有设置县级图书馆（county libraries），未能提供合适的样本；另一些州由于县级图书馆网站设计不够完善，缺少公共图书馆服务内容的详细介绍，也未能提供合适的样本。③英国人口在 4 万人以上的镇图书馆（town library），以英格兰和苏格兰的郡为单位，一个郡选取一个样本。英国和美国的样本总数为 44 个。

本研究首先根据 2.1 节中的文献，制作了公共图书馆使命和服务列表，作为"县级"图书馆网页内容分析的初步编码表（见表 2）。在对特定图书馆的网页进行分析时，将该馆已经开展的服务项目赋值为 1，未开展的服务项目赋值为 0；如果该馆开展了表内未列的服务项目，则先将相应项目补充进列表，然后赋值。对于那些可以同时归到两个或两个以上类别的服务，我们做出以下规定：

（1）我国"送书下乡""三下乡"服务依据所送图书的类别归类：如果所送图书以科技信息类为主，就归为信息服务；如果所送图书以娱乐休闲类为主，则归为文化传播；无法判断主次时则归为信息服务。

（2）演讲、征文类活动如果突出爱国主义主题则归为"爱国主义教育活动"，否则归为"阅读促进活动"。

（3）读者咨询归为"为个人提供生活、工作、研究所需的信息"。

（4）与学校图书馆开展的馆际互借归为"送书到校、设立分馆/流动站"。

（5）下乡活动中的"影片展、歌剧"归为传播文化使命中的"举办与用户兴趣爱好相关的活动"。

（6）推荐好的阅读网址归为"推荐书目"。

（7）为残疾人、外来务工人员和老年人提供的针对性服务归为弱势群体服务。

必须指出的，在进行上述分析时，本研究假定图书馆网页所介绍的服务内容是全面、完整、真实的,但这个假定可能与现实存在一定距离,因此,根据图书馆网页分析得出的结论,只具有参考价值,尚需其他材料验证。

表2 "县级"图书馆网页内容分析编码表(片断)

使命	服务	图书馆1	图书馆2	图书馆3	图书馆4
教育使命	为学校课程配备相应的阅读计划	1		1	
	为学校图书馆配备文献			1	
	为中小学生提供作业辅导	1	1	1	1
	为在家上学者(homeschooling)配备资料			1	
	为求学者提供正规教育机构的信息				
	为远程学生充当学习中心或资料中转站				
	为公众组织培训活动,支持终身教育	1			

2.3 图书馆评估总结材料分析

自1994年以来,我国已先后开展了三次公共图书馆评估工作,每次评估之后都产生了一批区域性总结材料,这些材料大都是对全省公共图书馆工作的总结。本研究共收集了36份公开发表(含网上发表)的总结,并按表2所示的编码方式对其中涉及的图书馆服务内容进行了标注。由于这部分材料的总结单位一般是一个省份,而不是具体图书馆,因而,这部分的分析结果只用于佐证2.2节析出的服务内容,而不用于统计分析。

3 研究结果

3.1 我国公共图书馆使命：断代性(discontinuity)与国际化

表3和表4列出了国内外主要公共图书馆文献对图书馆使命的陈述。表3显示，《公共图书馆宣言》《新编面向结果的计划》和《未来框架》虽然在文字表述上存在差异，但它们所界定的公共图书馆使命大致包括以下方面：教育使命、信息素养教育使命、扫盲（维持读写能力）使命、信息服务或信息保障使命、文化传播使命、促进社会和谐与公民权利的使命。

表3 世界主要公共图书馆文献对公共图书馆使命的陈述

使命	主要公共图书馆文献中的相关陈述		
	公共图书馆宣言（1994）	新编面向结果的计划（2001）	未来框架（2003）
教育	支持个人自学以及各级正规教育；支持个人开发其创造力；激发儿童与青年的想象力和创造力；	辅助各个年龄段的学生完成正规教育计划；满足用户自主学习的需求，帮助他们实现个人发展	建立支持正规教育的学习网；倡导自主学习；辅助儿童启蒙教育；与学校建立联系，支持学校工作；充当远程教育参加者的学习中心
信息素养教育	提高利用信息和计算机的能力	帮助用户培养信息查询、信息评价及信息利用等技能	帮助获得信息技能
培养阅读习惯	培养和加强儿童从小阅读的习惯		鼓励儿童对图书馆的利用、开展各类阅读促进活动
扫盲（维持读写能力）	支持、参与并在必要时组织不同年龄组的扫盲活动与计划	维持基本阅读能力、满足基本阅读需求	帮助阅读和写作能力低于11岁儿童水平的成人获得阅读和写作能力

续表

使命	主要公共图书馆文献中的相关陈述		
	公共图书馆宣言（1994）	新编面向结果的计划（2001）	未来框架（2003）
信息服务	确保居民获得各种社区信息；向当地企业、社团和利益集团提供必要的信息服务	满足商业、企业、个人工作、求职过程所需信息；帮助用户了解社区机构与服务；帮助社区居民获取消费信息；向用户提供与日常工作、学习和生活问题相关的各类信息或解答；向用户提供有关政府部门或政府官员的信息，以便他们能正常行使民主权利；满足用户了解自家或地方遗产的需求	利用2002年建成的人民网提供各类信息，包括政府信息
传播文化	提高对文化遗产的认识，对艺术的鉴赏力以及对科学成就与发明的了解；提供通过各种表演艺术来表现文化的途径；促进文化间的对话和文化多样性	帮助社区居民了解自己的文化遗产和其他文化遗产；帮助社区居民了解文化及社会动向、流行话题与流行图书，满足娱乐需要	利用2002年建成的人民网创建和提供"文化在线"
促进社会和谐与公民权利		为人们的交往需要以及社区事务讨论提供共享空间和服务	为社区提供安全、温馨、面向所有人的空间；充当社区的公共港湾；主动为非用户提供服务；为弱势群体提供信息保障；帮助建立社区身份意识，减少社会排斥

注：本表转引自于良芝（2007）[5]。

表4显示，近年来，我国一些地区颁布的公共图书馆条例很少明确陈述公共图书馆的任务（管理者视野中的"任务"即图书馆职业视野中的"使命"）。从1996的《上海市公共图书馆管理办法》到2003年的《北京市图书馆条例实施办法》，以"使命""任务""宗旨""功能

定位"或"目的"等术语表达的使命陈述都付阙如。虽然有些条例规定了图书馆的基本服务内容,但这些内容并不表达图书馆对社会的根本责任,因而未能指出图书馆的发展方向和存在价值。例如,《上海市公共图书馆管理办法》第二十九条规定:公共图书馆应当采用图书展览、辅导讲座和组织群众性读书活动等多种形式,向读者推荐优秀读物,指导读者阅读。第三十条规定:公共图书馆的工作人员应当为读者提供书刊资料信息,解答读者有关阅读方面的咨询,指导读者查找书刊资料;公共图书馆应当根据读者需求,为读者做好专题信息收集、参考资料编写和书刊资料的代查、代译工作。很显然,这里表达的是图书馆服务的内容和方式,而不是服务的最终目的。事实上,由于使命陈述阙如,要判断哪些服务属于图书馆的核心服务是很困难的。

表4 我国地方性公共图书馆文献对图书馆使命与服务的表述

条例/管理办法	制定/发布日期	使命/任务/宗旨的陈述	相关内容
上海市公共图书馆管理办法	1996	无	第二十九条:公共图书馆应当采用图书展览、辅导讲座和组织群众性读书活动等多种形式,向读者推荐优秀读物,指导读者阅读 第三十条:公共图书馆的工作人员应当为读者提供书刊资料信息,解答读者有关阅读方面的咨询,指导读者查找书刊资料;公共图书馆应当根据读者需求,为读者做好专题信息收集、参考资料编写和书刊资料的代查、代译工作
深圳经济特区公共图书馆条例(试行)	1997	无	第二十二条规定了读者在公共图书馆内享有的权利:免费进行书目检索、免费借阅文献、获得工作人员提供的关于利用馆藏的指导、获得工作人员解答有关阅读方面的询问或进行定题服务、参加各种读者活动、向主管部门或公共图书馆提出建议和意见

续表

条例/管理办法	制定/发布日期	使命/任务/宗旨的陈述	相关内容
河南省公共图书馆管理办法	2000	无	第十五条:公共图书馆应采用图书展览、辅导讲座和组织群众性读书活动等多种形式,向读者推荐优秀读物,指导读者阅读 第十六条:公共图书馆的工作人员应当为读者提供书刊资料信息,解答读者有关阅读方面的咨询,指导读者查找书刊资料;公共图书馆应当根据读者需求,为读者做好专题信息收集、参考资料编写和书刊资料的代查、代译工作 第二十一条:公共图书馆是本行政区出版物版本收藏单位
北京市图书馆条例实施办法	2003	无	第三条规定了北京市文化局的职责

值得回顾的是,在1982年的《省(自治区、市)图书馆工作条例》中,公共图书馆使命陈述曾占据非常重要的位置。《条例》在第一部分"总则"的显著位置,以"主要任务"为题,明确提出了省级公共图书馆的以下使命:宣传马列主义、毛泽东思想,宣传党和政府的政策、法令,向人民群众进行共产主义和爱国主义教育;为本地区的经济建设和科学研究提供书刊资料;传播科学文化知识,提高广大群众的科学文化水平;搜集、整理与保存文化典籍和地方文献;开展图书馆学理论和技术方法的研究,对市(地)、县(区)图书馆进行业务辅导;在省(市、自治区)政府有关部门的领导下,推动本地区各系统图书馆间的协作和协调。无论今天的图书馆职业如何评价这些使命,有一点是可以肯定的:它们代表了当时公共图书馆界和政府主管部门对公共图书馆社会责任的理解,并为那个时期的公共图书馆服务提供了方向和框架。这种方向和框架正是20世纪90年代以后的地方公共图书馆条例所普遍缺乏的。

回过头看,20世纪90年代正是我国公共图书馆最需要方向感的时期:此前确立的一些核心使命(如意识形态使命),在以经济建设为中心的年代已经显得格格不入;公共图书馆曾经拥有的无可置疑的公益性地位正接受市场经济的冲击。不难想象,困惑中的公共图书馆多么需要目标引导。在这种情况下,新出现的公共图书馆纲领性文件却回避了"新时期公共图书馆的使命"这一问题,的确令人费解。

有两个背景因素或许能为此提供解释。第一个可能的解释是,公共图书馆和它们的主管部门决意与原来的公共图书馆发展方向告别,但一时又不能确定未来发展方向,因而只能选择缄默。在社会转型时期,公共图书馆界出现暂时的迷茫不仅是可以理解的,而且是经常发生的。纵观公共图书馆的发展史不难发现,当社会出现重大转型的时候,很多国家的公共图书馆都曾感到迷茫。二次世界大战后,美国之所以启动了大规模的"公共图书馆调研",就是为了解决战后美国公共图书馆发展方向的问题。20世纪80－90年代,改革对中国社会的改变远比二战对美国社会的改变要深刻得多,公共图书馆发展出现暂时的方向迷失并不奇怪。如果这个解释成立,那么,新时期公共图书馆文件回避使命问题的原因就是,我国公共图书馆发展方向出现了我们尚不知如何跨越的断代性(discontinuity)。

第二个可能的解释是,从20世纪90年代开始,我国图书馆职业日益频繁地、普遍地采用国际职业话语界定公共图书馆的使命,在公共图书馆文件中重复这些界定似乎已无必要。这段时间,对我国公共图书馆产生最大影响的国际职业话语体系莫过于《公共图书馆宣言》。CNKI数据库检索显示:1994至2006年上半年,我国发表的与《公共图书馆宣言》相关的论文达1056篇;一些重大的公共图书馆行动也经常引用《公共图书馆宣言》作为理论基础,例如,2004年以来的很多区域性公共图书馆服务网络建设方案,都明显渗透了《公共图书馆宣言》的指导思想。至少对部分公共图书馆来说,《公共图书馆宣言》弥补了我国图书馆使命陈述的空白。如果这个解释成立,那么,新时期公共图书馆文件回避使命问题的原因就是,我国公共图书馆在与国际接轨中已经找到了发展方向,本土性陈述不再必不可少。

如果说断代性和国际化共同解释着公共图书馆文件中使命陈述的阙如,那么,这两个原因之间又存在着怎样的关联?是因为我们告别了历史却又找不到新定位才不得不借用国际话语体系,还是因为我们同时做出了与国际接轨和告别历史的双重抉择?这个问题或许需要留给图书馆史学家去考察,但以下问题却是我们当前必须面对的:既然我们的使命界定越来越接近国际组织和其他国家对公共图书馆使命的陈述,我们是否需要设置与国际接轨的服务内容来确保使命的完成?我们现有的服务离实现这些使命还有多大的距离?

3.2 公共图书馆为实现自身使命而开展的服务

表5显示了国内外"县级"图书馆为实现自身使命而提供的服务。如前所述,这部分数据主要来源于对"县级"图书馆网页的分析。由于难以确认图书馆网页信息的全面性和真实性,因而表5中的数据,无论是服务种类还是提供这些服务的图书馆的比例,都只能作为参考。

表5 国内外"县级图书馆"服务比较

	英美公共图书馆(%)		国内公共图书馆(%)	
教育使命	为学校课程配备相应的阅读计划	47.7	爱国主义教育读书活动	56.9
	为学生提供作业辅导	47.7	培训项目	35.3
	为寻求正规教育机会的人提供信息支持	31.8	送书到学校,设立分馆/流动站	25.5
	组织培训活动,支持终身教育	20.5	开展科普读书活动	25.5
	为学校图书馆配备文献	13.6		
	为在家上学者(homeschooling)配备资料	11.4		
	远程学生的学习中心或资料中转站	9.1		

续表

	英美公共图书馆(%)		国内公共图书馆(%)	
信息保障使命	日常工作、学习和生活问题咨询解答	77.3	致富信息、科技信息	68.8
	为社区机构或组织提供导引	68.2	地方志与家谱	52.9
	商业和工作信息	61.4	为个人提供研究信息	39.2
	地方志与家谱	59.1	为政府、企事业单位提供信息	15.7
	有关政府部门或政府官员的信息	29.6		
	消费信息：帮助社区居民获取消费信息	11.7		
培养阅读兴趣	组织故事会活动	93.2	向儿童提供适龄图书	76.5
	向儿童宣传和提供适龄图书	86.4	征文、诗歌比赛	66.7
	组织假期阅读活动	86.4	组织假期阅读活动	27.5
	组织各年龄段的阅读与写作俱乐部	84.1	推荐阅读书目	13.7
	宣传推荐图书	79.6	"知识工程"阅读促进活动	11.8
	为家长提供如何引导儿童阅读的指导	36.4	组织家庭阅读活动	7.8
	组织家庭阅读活动	25.0		
文化使命	提供流行图书	100.0	举办各类展览	39.2
	提供声像资料(如电影)	100.0	举办与用户兴趣相关的活动	11.8
	文化遗产以及当地历史的介绍	52.3	提供音像资料	3.9
	举办各类与文化有关的展览及活动	50.0		
	举办与用户兴趣爱好相关的活动	38.6		
	提供与时尚话题相关的资料	11.4		

续表

		英美公共图书馆(%)		国内公共图书馆(%)	
社会和谐使命	免费吸收所有社区居民成为其用户	100	帮助建立基层图书室、服务点	60.8
	为人们交往和讨论社区事务提供空间	70.5	开展活跃社区生活的活动	17.6
	为弱势群体提供有针对性/个性化服务	47.7	为弱势群体送书上门	9.8
	提供少数民族语言资料	27.3		
	引导居民参与社会活动/利用社会资源	20.5		
	主动寻求当前的非用户	2.3		
信息素养	提供免费的计算机及互联网设施	88.6	为读者提供有偿互联网服务	35.3
	提供电脑、网络基本操作培训	40.9	培训计算机基本操作技能	7.8
	支持、参与并在必要时组织扫盲活动	18.2	为读者提供免费互联网服务	3.9
	信息查询及信息利用辅导	6.8		

注：表中的百分比是提供相关服务的图书馆占样本总数的比例。

内容分析显示，截至目前，国内外公共图书馆已经不同程度地开展了与其使命相适应的服务。尽管公共图书馆的价值经常被它们的利益相关者低估，但从上述数据来看，国内外公共图书馆对社会承担的责任之宽泛、服务之深广，是很多公共服务机构无法相比的。

分析结果还显示，我国县级图书馆的服务与英美同类图书馆的服务之间存在显著差异。首先，在几乎所有领域，我国县级图书馆的服务内容都相对单薄，在教育使命、信息保障使命、社会和谐使命方面尤其显著。在这些领域，表5所显示的国内外不同是如此了然，即使我们考虑到网页信息的局限，也很难否认差异的确存在。

在可能影响我国公共图书馆服务内容的众多因素中，一个特别值得关注的因素就是我国公共服务的管理体制。长期以来，我国一直是按条块分割的形式建立公共服务体系。对于像公共图书馆这样的服务机构来说,这种体制的真正寓意在于,国家用于支持公共服务体系的经费被分割成若干大块,分别由不同的主管部门调配使用:发展教育事业(包括正规教育和终身教育)的经费归教育主管部门,扶持弱势群体的经费归民政等部门,发展农业信息服务的经费归农业主管部门,发展商业信息服务的经费归商务部门。在这种体制中,公共服务机构的行政隶属关系在哪,便从哪里获得预算经费和项目经费。在我国的绝大多数地区,公共图书馆在行政上隶属于文化主管部门。这个定位给公共图书馆使命的实现至少带来两个影响:第一,它造就了政府和社会对公共图书馆性质和使命的理解,甚至造就了公共图书馆界对自身的理解:强调其文化使命,忽略其他使命。带着这种片面的理解,政府给予图书馆服务的支持、社会对图书馆服务的期待、图书馆管理者对服务体系的设计都难免带有局限性。第二,在公共服务部门缺乏协调机制的情况下,公共图书馆获得的预算经费和项目经费主要是根据其文化使命来计算和划拨的;图书馆的教育使命、信息保障使命、社会和谐使命不仅很难获得专门的预算经费,而且很难获得相关的项目经费。从一定意义上说,公共图书馆是以庞大的身躯,分得一块小小的披肩;与非文化使命相关的服务难免出现偏废。

国内外公共图书馆服务的第二个显著差别表现在,我国公共图书馆服务对象的个体性不像国外那么显著:尽管国内外公共图书馆都提供着大量面向人群和组织的服务,但英美公共图书馆提供着更多的、更丰富的面向个人的服务。所谓面向个人的服务,是指那些以满足个人需求为主要目标、由个人在自选的时间按自选的方式加以利用的服务——外借、阅览、面向个人的信息服务等都属于这类服务;所谓面向人群的服务是指那些以满足一群人的需求为目标,由这群用户在规定的时间或集体选择的时间里一起加以利用的服务——各类讲座、培训、集体借阅等都属于此类服务。表5显示,除了基本的外借阅览服务,英国和美国的公共图书馆还提供诸如为中小学生提供作业辅导、为寻求正规教育渠道的人提供信息支持、为个人日常生活或工作中的问题提供信息帮助、为家长提供阅读辅导等服务。

国内外公共图书馆对服务对象的倾向性差异可能与各自的文化传统、政治制度及职业传统相关。西方文化自文艺复兴以来始终以个人为核心,其现代民主制度则以个人参与为基础。与此相适应,现代图书馆职业也始终把个人作为设置服务内容的基础。Rubin 在总结公共图书馆的基本特征时,就把"服务于个人"(Focus on services to the individual)视作公共图书馆的根本特征之一[6]。20 世纪 60 年代以来,受建构主义信息观的影响,图书馆服务比以往更关注用户的个性化需求与喜好,这使图书馆服务对象的个体性得到了更大程度的张扬。

国内外公共图书馆服务的第三个显著差别在于,在若干使命领域,国内外公共图书馆选择的服务重点明显不同。在教育使命方面,我国公共图书馆比较突出爱国主义教育和宽泛的科学文化知识教育,而国外公共图书馆更强调为正规教育和终身教育提供具体的支撑服务。在支持正规教育方面,比较常见的服务包括为学校课程配备相应的阅读计划、为学生作业提供资料及辅导等。需要说明的是,素质教育语境下的作业通常是带有研究性质的学习任务,因此比应试教育语境下的作业更适合图书馆员的专长,也更需要图书馆员的帮助。在支持终身教育方面,比较常见的服务包括为寻找正规教育机会的人提供信息或建议、为参加远程课程的成人学生提供合适的资源和学习空间、为各大学图书馆及其远程教育学生充当资料接收站或中转站、为辖区居民举办各类培训课程等。2004—2005 年,为了总结公共图书馆在支持终身教育中的经验,欧盟专门资助了跨国项目——Biblio. for. mEDA,该项目在英国的调研显示,英国公共图书馆为终身教育者提供着大量专门服务,他们是英国政府建立的跨部门"终身学习支持网 IAG"(Information, Advice and Guidance)的核心成员。不少图书馆(如伯明翰图书馆)还设有专门的终身学习支持岗位(Learner Support Staff)[7]。终身教育服务在公共图书馆服务体系中所占的地位由此可见一斑。

在信息保障使命方面,我国比较偏重为机构用户提供经济信息、决策信息及科研信息。这一倾向性不仅体现在表5所列的信息服务内容上,而且被明确写进了很多地区的公共图书馆条例。这些条例在谈到为个人提供的信息服务时,都明确说明是提供与其阅读需要相关的咨询,信息服务由此被建构为阅读服务的辅助手段。与我国相比,国外公共图书馆似乎更注重为个人用户提供广泛的信息:解决个人日常生活问题的信息、支持个人参与民主政治和社会生活的信息(前者如政府和政务信息,后者如有关服务辖区内社会团体、机构和社会活动等的信息)。在社会和谐使命方面,国外公共图书馆比我国公共图书馆更注重通过强化自身的社会包容性(或消除自身的任何排斥性)来促进社会和谐,这包括消除使用图书馆的费用障碍、增加文献语种的多样性、增强服务内容对弱势人群的针对性、消除空间布局与标识设计等造成的视觉或心理排斥感等。他们还比较注重通过"导引服务"(referral services)作用于社会和谐。所谓"导引服务"是一种将用户引导到能解决其问题的其他公共部门(如相应的地方政府部门、各种援助机构)的服务,引导方式既包括宣传展示,也包括直接引介。2005年,英国政府的社会排斥部(Social Exclusion Unit)在评价公共图书馆的社会和谐作用时就高度评价了这一服务的价值[8]。

4 结 论

近年来,我国出现的公共图书馆纲领性文献对于"什么是当前我国公共图书馆的使命(或任务)"的问题,基本上都省略不表。与此同时,我们的专业文献和图书馆实际工作已开始频繁引述《公共图书馆宣言》等国际文献作为指导思想。在采用国际话语体系的时候,我们显然已经放弃了《省(自治区、市)图书馆工作条例》(或它所代表的那个时代)的话语。尽管我们有不少理由对公共图书馆使命的国际化趋势做正面解读,但本研究的内容分析还是给我们留下了挥之不去的疑惑:在社会转型期,我国公共图书馆界是否需要明确陈述自己的使命

(任务)？是否需要将《公共图书馆宣言》的使命陈述与我国的区域性特征(如发展不均衡性)和时代特征相结合？如何正视我国公共图书馆使命的断代性？特别是如何正视过去的话语所象征的"中国特色"？

本研究的内容分析还显示,尽管我国公共图书馆已开始从国外公共图书馆使命借鉴发展方向和指导思想,但图书馆的服务内容(特别是县级图书馆的服务内容)却依然保留着比较鲜明的"中国特色"。与英美同级别的公共图书馆相比,我国县级公共图书馆的服务力量相对侧重于传播文化、促进阅读和为党政及科研机构提供信息服务,而为个人的正规教育、终身教育、民主参与、社会参与、兴趣爱好等提供的服务却较少。这些差异有些是出于职业选择或设计(如信息服务活动向机构与组织的倾斜),有些则是客观条件使然(如作业辅导等服务的缺失),但不管怎样,我们似乎都不得不面对这样的问题:通过现有的服务能否完成与国际接轨的图书馆使命？

过去的经验告诉我们,对这些问题的探索可能会是一个漫长而困难的过程,在答案尚不成熟的时候,我们建议图书馆管理者开始用批判性思维审视国内外图书馆服务的选择性(设计性)差异。以各类爱国主义教育活动为例,我们究竟希望它服务于怎样的公共图书馆使命？是意识形态使命还是公民教育使命？怎样开展爱国主义教育活动才能使它更好地服务于图书馆的使命？再以信息服务为例,在我国更加强调社会和谐与政治民主的今天,我们是否需要重新考虑公共图书馆的信息服务思路？是否需要加强面向个人的信息服务以提高社会成员的民主参与和社会参与能力？希望本研究的结果以及它所揭示的问题,能为图书馆管理者规划和设计图书馆的服务内容提供一些新的思路。

参考文献

1　孙丽文,辛艳玲,刘丽.公共空间论:图书馆社会职能的新定位.图书馆工作与研究,2007(2):21-22

2　胡靖华.论公共图书馆为视障人士的服务.图书馆论坛,2006(1):183-185

3　温雪芳.论图书馆视听馆藏的建设与服务.图书馆理论与实践,2006(1):

36-38

4 Holsti O R. Content analysis for the social sciences and humanities. Reading, MA: Addison-Wesley

5 于良芝. 公共图书馆存在的理由:来自图书馆使命的注解. 图书与情报, 2007 (1):1-9

6 Rubin Richard. Foundations of Library and Information Science. New York: Neal-Schuman Publishers, 1998:307

7 Spacey Rachel, Goulding Anne. Learner support in UK public libraries. Aslib Proceedings: New Information Perspectives, 200456(6):344-355

8 Social Exclusion Unit. Improving Services Improving Lives, 2005. http://www.cabinetoffice.gov.uk/social_exclusion_task_force/documents/publications_1997_to_2006/improv_servs_inter_report.pdf

原载于《图书馆论坛》,2007年第6期

培养阅读兴趣与支持正规教育

培养阅读兴趣和支持正规教育,是公共图书馆针对儿童和青少年承担的众多使命中的两项。它们分列《公共图书馆宣言》陈述的图书馆任务的头两条:"从小培养和加强儿童的阅读习惯"和"支持个人自学以及各级正规教育"。

阅读兴趣驱动的"阅读"和正规教育驱动的"学习"无疑很难截然区分,公共图书馆的很多服务也无疑可以同时影响"阅读"与"学习",从而同时发挥培养阅读兴趣和支持正规教育两种功能。然而,从使命决定策略、目标决定行动的逻辑看,"培养阅读兴趣使命"和"支持正规教育使命"代表着不同的行动目标、要求不同的实现路径和策略,具有不同的衡量其实现程度的标准;也就是说,它们事实上构成虽密切相关却相对独立的使命。这意味着,图书馆专业人员在很多时候(如制定规划、配置资源、策划服务等),都需要对它们做出区分性理解和考量。

培养阅读兴趣的使命把阅读习惯的形成当成终极目标,以喜欢阅读的人口数量和社会阅读总量作为目标实现程度的评价标准。其前提假定是:当阅读成为一个人的终生爱好和习惯,阅读行为就会成为日常生活的组成部分,这样的阅读行为即使不产生立竿见影的功利效果(如学习成绩的提高),也会对个人和社会产生长远的益处;换言之,阅读习惯具有独立于功利效果的内在优越性,值得作为图书馆活动的终极目标而为之努力。

"培养阅读兴趣使命"所要求的图书馆活动,需要根据阅读习惯的形成规律来策划。已获得广泛认同的阅读习惯形成规律包括：阅读习惯形成于幼年和童年、阅读习惯的养成需要伴随快乐的阅读体验、儿童的阅读习惯与父母的阅读习惯具有相关关系、父母与孩子共度阅读时光（亲子阅读）能增强儿童的阅读快乐从而促进阅读习惯的形成等。这些规律引导图书馆关注诸如以下问题：如何将低幼儿童纳入图书馆服务对象？如何引领低幼儿童亲近图书和文字？如何支持父母与孩子共度阅读时光？如何将快乐的阅读要素植入孩子们的馆内馆外阅读行为？特定选题（如爱国主义教育）和特定形式（如征文、读后感）的阅读促进活动会增强还是削弱阅读的快乐？

支持正规教育的使命把辅助正规教育机构培养儿童和青少年的综合能力（批判分析能力、解决问题能力、创新能力、交流能力、信息素养等）作为图书馆活动的终极目标，把图书馆对能力培养的贡献作为目标实现程度的标准。其前提假定是：正规教育的最高目标是为社会培养综合能力强的合格公民，而不是简单的知识传授；这样的教育离不开专业化图书馆服务的支撑。

"支持正规教育使命"所要求的图书馆服务活动，需要根据能力培养的内在规律来策划。已获得广泛认同的能力培养规律包括：能力培养比知识传授在更大程度上依赖探究型的自主学习（如与课程配套的自主阅读和研究型作业等），更依赖参与式和讨论式的课堂教学，更注重个性化教学进度和学习兴趣。龙应台曾以德国历史课教学为例，展示正规教育如何依赖探究型自主学习："如果这一堂课的主题是纳粹，学生可能必须去读当时的报纸、希特勒的演讲、工会的会议记录、专栏作家的评论、纪录片，等等，然后在课堂里辩论——纳粹的兴起，究竟是日耳曼的民族性所致，还是《凡尔赛和约》结下的恶果？或者是经济不景气的必然？"[①]显然，这样的学习过程不仅使图书馆服务成为必需，也使面向多种需要的"一站式学习中心"成为必要。在英美等国，公共图书馆设置的作业辅导中心（homework help centre）就是这样的

---

① 龙应台. 德国人怎样上历史课. 读者, 2008(20):10

学习中心。它们通常为正规教育的学生配备多种学习资源和服务，如空间和设备、学习资料、工具书、适用数据库、网上资源、咨询馆员、帮助热线等。

我国尝试推行以能力培养为目标的正规教育（教育界称之为素质教育）已有多年，但由于应试的压力和图书馆等支撑服务的匮乏，能力培养模式即使偶有采纳，也流于形式。但随着《国家中长期教育改革和发展规划纲要（2010—2020年）》的出台和建设"人才强国"的教育目标被提到议事日程，正规教育过程将不得不寻求更有效的能力培养途径，从而对图书馆支持正规教育的使命产生更大的需求。有条件的公共图书馆有必要重新审视这一使命的含义及实现路径，给予它一些单独的，甚至优先的考量。

上述区分并不是要强调两种功能在空间上的分隔，而是强调一种目标驱动的规划和管理思路：这种思路首先要求同时选择这两大使命的图书馆在整个规划和管理过程中分别考虑两大使命的实现路径，其次要求这些图书馆在具体资源的分配或服务的设计上明确它们主要服务于哪个目标。按这样的思路，一些与既定目标不符或目标不明确的图书馆实践恐怕需要重新审视，例如，让阅读促进活动承载太多的教育功能（爱国教育或语文教育），将少儿部办成单纯的休闲阅览场所，限制少儿持证者使用成人空间等。

对于建设人才强国的国家战略而言，公共图书馆的培养阅读兴趣使命和支持正规教育使命具有同等重要的价值。将这两大使命区分考虑，或许有利于公共图书馆厘清自身对这一国家战略的不同贡献方式。

原载于《公共图书馆》，2010年第3期

公共图书馆服务的意义建构与认识盲点
——对公共图书馆评估总结材料的话语分析

1 引言

很少有人会否认,过去几年,随着科学发展观逐渐引领我国经济社会发展,公共图书馆也进入了新的发展时期。科学发展观的语境使几乎所有公共图书馆功能都显示出本土化的存在价值:公共图书馆作为社会教育机构,通过提供教育资源促进个人发展;它作为社会的信息中心,通过提供各类信息服务促进民主参与和社会参与;它作为社区的活动中心,通过开放的空间和平等的服务促进社会和谐;它作为社区的信息技术中心,通过提供免费或低价的互联网服务及培训,培育公众参与数字化社会的能力;它作为公共文化机构对十七大报告提到的各类文化建设使命(如建设和谐文明风尚、弘扬传统文化)都具有公认的价值。从一定意义上说,中国图书馆职业第一次看到了经济社会发展对公共图书馆功能的全面呼唤。在经济较发达的地区,图书馆也正在经历较宽松的经费增长。需求与经费的同步增长为公共图书馆的服务创新带来了难得的机遇。

由于创新意味着对现状的改变,因而任何创新都可能遭遇来自变革主体(在这里就是公共图书馆职业队伍)自身的阻力。内在阻力最经常地发生在两种情景下:一是当变革的需要即将打破业已确立的利益关系的时候；二是当变革的需要遭遇与现状相适应的思维和认知方式的时候。第二种阻力被法国哲学家福柯称为"话语成规"（discursive formation）。福柯的话语成规指在特定历史文化背景下，决定一个领域话语生产的所有规则——它决定什么是可说的，什么是不可说的。由于话语成规内在地具有约束和排他的功能，在它的阴影下几乎不可避免地要形成一个领域的思维与认知边界，边界之外的部分往往成为这个领域的认识盲点。正因为如此，在很多时候，由当前历史条件决定的（即与现状相适应的）话语成规可能会成为创新的障碍。

在我国图书馆学领域，只要稍加观察就能感知到福柯所说的话语成规的存在。近年来，当有学者试图探讨职业理性如何对关乎职业问题的政治理性做出反应[1]，试图依据立场（而不是"真实"）来确立用户的绝对优先地位[2]，试图配合《政府信息公开条例》的出台确认图书馆作为政府信息传递者的责任[3]，这时他们在选题和叙事方式上遇到的排斥，折射的正是这个领域话语成规的存在。

在公共图书馆发展的转折关头，我国图书馆职业所承袭的话语成规造就了怎样的图书馆服务话语？这些话语如何建构了我们的实践和认识？是否制造了我们尚未知觉的认识盲点？这些认识盲点是否会成为创新的障碍？如果说图书馆职业也像其他职业一样处于经常的变革之中，图书馆学也像其他学科一样需要阶段性的反思性研究（reflective study）来自省可能存在的认识盲点和思维禁锢，那么，我们正处在这样一个时代。

本文就是针对公共图书馆面临的服务创新需要而开展的一项反思性研究。它采用话语分析方法，以从CNKI检出的1994、1998、2003年评估总结材料为分析对象，对三个关键概念——公共图书馆服务、图书馆的社会效益、图书馆的经济效益——的建构性进行了分析，揭示了话语对图书馆实践的建构作用。

之所以选择评估总结材料作为话语分析对象主要是基于以下原因：首先，评估总结是对图书馆条件及服务状况的评价，其依据就是图书馆职业对"什么是图书馆服务、什么是优良服务、什么是一般服务、什么是不可接受的服务"的理解。在直接或隐含地回答这些问题的过程中,评估总结性材料自然而然成为建构"图书馆服务"的话语事件;其次,这些话语事件每四年重复一次,它们可能比其他材料具有更强的建构性。

2 话语分析的理论基础

话语分析作为一种研究方法起源于20世纪30年代的语言学领域。最早的话语分析就是以文本、对话等(确切地说是以其中大于句子的语言单位,即语篇)为分析对象,考察语境对意义形成的影响(即语境如何赋予语言行为以特定意义),但20世纪中期以后,话语分析被逐渐应用于传播学、认知心理学、社会心理学、人工智能、文学批评、政治学、社会学、心理学等广阔领域,并在应用的过程中衍生出不同的话语分析流派,除了自30年代延续下来的话语分析流派,还出现了以法国哲学家福柯理论为基础的话语分析流派和在吸收福柯理论、新马克思主义理论、功能语言学理论基础上形成的批判话语分析流派[4]。非语言学领域的话语分析大都将其理论基础归溯至福柯的思想[5],也有一些研究(如加拿大图书馆学者Stevenson[6])采用批判话语分析的理论和方法。

尽管非语言学领域的话语分析学者(包括福柯在内)对于"话语"的概念并没有清晰一致的界定(福柯本人就在不同的场合赋予"话语"一词不同的含义),但按照福柯知识考古学和谱系学的基本理论理解,话语应该是一个领域根据特定的历史性、文化性、制度性规则(区别于语法规则),运用语言材料建构知识、表达意义的各种陈述的集合,即它是语言材料与规则的统一体。如此理解的话语首先是一个建构物,体现着其生成过程的历史性、文化性、权势关系和意识形态倾向。话语生成过程的历史性和文化性是指:决定什么可说、什么不可说的话语成规(discursive formation)总是特定历史、制度或文化的产物并受其局限(如巫术在特定的历史条件下被认为是学问,在另外的历史条件下被认为是谬误)。话语生成过程的权势关系和意识形态倾向是指:建构话语的意志不可避免地携带权势、意识形态和价值观的烙印(如在现代政治语境中,赋予自由、民主等词以积极意义的话语就带着鲜明的现代西方意识形态)。话语分析学者相信,通过对话语进行分析,我们能揭示蕴涵其中的权势关系和意识形态。

一个领域的话语一旦形成,它就同时获得权势与秩序的性能。其权势性表现为:这个领域的后继者们必须学习操练同样的话语,才能进入这个领域。其秩序性表现为:新的表达、新的真理声称(如学术论文)往往要按已经建立的话语体系接受评判。正是在这个意义上,福柯指出,一个领域或社区的话语在使得现象或话题的讨论成为可能的同时,也对人们的语言行为规定了界限:什么是可说的,谁可以说,如何说等。在这样的话语再生产中,往往会形成思维的禁锢和认识的盲点。话语分析可以帮助我们揭示认识的盲点,突破思维的禁锢。

话语的上述特性决定,它是建构知识和意义的资源。在话语分析学者看来,语言并不是反映客观世界的忠实的和中立的工具,它被使用的过程就是人们根据语境和规则(即一个领域的话语成规)对语言材料赋予意义的过程。也就是说,一个事物(如图书馆)、一个事件(如公共图书馆的评估)、一个过程(如图书馆为企业提供信息服务的过程)的意义并不是先验地、客观地存在着,然后由语言忠实地、照镜般揭示出来;相反,它是由人们通过语言材料及其意义的选择呈现出来的。这一呈现过程的建构性表现在:当一种声音、意义或经验在语言材料的选择中被成就,另外的声音、意义和经验就被消弭了。通常情况下,听众很少注意到那些被消弭的东西,这样,话语就在听众不知情的状况下,制造了真实(reality)。例如,同样表达对抗,"暴民"和"战士"可以在文本世界里制造两种不同的真实,同样表达杀戮,"恐怖"和"复仇"也可以制造两种真实,表达者的选择决定哪种真实被成就。所有的知识就是这样被建构起来,不存在客观中立的知识。话语分析的功能之一就是揭示究竟什么意义被话语成就了,什么意义被话语排除了,这种成就和排除的影响是什么,从而揭示知识和真理建构过程的历史局限。

话语分析学者还认为,话语在建构知识和真理的同时,也能动地建构社会实践。当渗透了权势关系和意识形态倾向的话语把它制造的"真实"(reality)呈现为真实,而人们又把这种"真实"接受为真实的时候,它就可能按其预期的效果引导人们的思想和行动。在这个意义上,作者/说话者事实上是在通过话语从事社会活动,建构社会现实。例如,用"暴民"或"战士"表达对抗,用"恐怖"或"复仇"表达杀戮,在听众中将产生完全不同的听觉效果,从而引发不同的社会实践。再以公共图书馆的意义为例,当我们把"街角大学""向所有人开放的学习场所"接受为公共图书馆的意义,那么这种意义就会引导公共图书馆界设计相应的服务,并引导社会公众对图书馆服务形成期待,这就是话语的建构力量。话语分析可以揭示这种力量的存在和实践效果。

因此,非语言学领域的话语分析思路,虽然也以文本或对话中的语言为分析对象,但它关注的焦点已经不再是语言本身,而是语言使用行为对社会实践、社会秩序、制度、文化等的折射、建构和维护。

3 公共图书馆评估总结的语境

公共图书馆评估是文化部于1994年启动的对全国县级及以上图书馆进行评估定级的活动。每四年一次,每次评估都产生四类图书馆:一、二、三级和未上等级图书馆。评估指标涵盖办馆条件、基础业务建设、读者服务工作、业务研究、辅导、协作协调、管理、表彰奖励等领域。

公共图书馆评估是在经济改革已显著影响公共文化领域的背景下出台的。20世纪70年代末开始的改革重新界定了新中国成立以来的中央政府与地方政府关系。在由此形成的新政治经济格局中,发展和管理公共图书馆等文化事业成了地方政府的责任:公共图书馆经费不再来自统收统支的中央财政,而是来自地方财政。在缺乏图书馆法和有效监督机制的情况下,地方政府的"公共图书馆作为"由此失去了约束,公共图书馆事业的地区性差距开始拉大。1995年的统计资料显示,经济较发达的省份与经济欠发达省份在公共图书馆投入上的差距已达几倍之多,例如,1995年广东省对公共图书馆的财政拨款是山西省的5.6倍、陕西省的7倍、四川省的2.7倍[7]。1994年,为了加强对地方公共图书馆事业的引导和促进,增强中央政府对地方政府"公共图书馆作为"的干预,文化部启动了全国公共图书馆评估活动。在这项四年一度的评估中,地方政府对公共图书馆事业的投入力度成为主要的评估内容之一:不仅指标体系中的办馆条件类指标是直接针对地方政府的,其他大类的很多指标,如馆藏情况指标、自动化程度指标等,也都是针对地方政府的。因此,公共图书馆评估既是对公共图书馆业务水平的评估,也是对地方政府"公共图书馆作为"的评估。1994年至今,文化部已先后对全国公共图书馆开展了三次评估。

每次评估之后,各地图书馆界都会对评估结果进行总结反思,在CNKI中查询的结果显示,其中相当一部分总结反思是以论文的形式公开发表的。从话语分析的角度看,这些总结性文献构成了公共图书馆评估语境下的话语事件(discursive events)。评估语境——对地方政府的"图书馆作为"和公共图书馆的"专业作为"进行双重评估——决定了评估话语至少要完成三个不同的任务:建构("汇报")当地公共图书馆事业的发展状况;证明公共图书馆是值得政府投入的,即确立公共图书馆投入的合理性(legitimacy);实现对公共图书馆发展问题的责任拷问,即确立评估过程中"失分"事项的责任主体。在完成上述任务的过程中,评估话语不可避免地要对一系列"事物"进行意义建构,例如,"健康的"(或相反的)图书馆事业、图书馆服务、图书馆效益、图书馆经费等。1994年以来,在反复的评估—总结、总结—评估中,我们有理由相信,很多人已经把上述事物的建构意义接受为其内在意义(即把建构结果接受为"真"),并加以实践。因此,借助业界对评估事件的关注,评估总结话语在意义建构的同时也参与了对职业意识和职业实践的建构。剖析评估话语的意义建构,可以揭示我国公共图书馆职业意识和职业实践的建构特征,避免我们陷入自己制造的认识囹圄。

4 "公共图书馆服务"的意义建构

对于"究竟什么是公共图书馆服务"或"公共图书馆服务究竟是什么样的"的问题,流传最广、影响最大的答案(即意义建构)或许是"借还服务",或曰"公共图书馆服务就是借借还还"。另外一个较流行的意义建构是"为书找人,为人找书",或曰"具有一定主动性的借借还还"。

我们或许可以将"公共图书馆服务 = 借借还还"斥为非专业化的意义建构,但是当我们鄙视这种非专业化的意义建构时,我们会立刻意识到我国图书馆职业恰恰是专业化程度很低的职业——缺乏资格认证和"是人就能当馆长"的戏言就是我们职业专业化程度低的有力证明。这意味着,非专业化意义建构不可避免地要随着非专业化的从业人员和非专业化的管理人员而进入职业话语。这是我们分析图书馆职业话语时不得不关注的一个历史条件。

公共图书馆服务的外部环境,无疑也是其意义建构的重要历史条件。直到科学发展观在我国开启经济社会全面发展时期,我国社会的主流话语(无论在政策领域还是学术领域抑或是大众传媒领域)长期致力于建构经济发展的优先性。那些构建公共图书馆功能与价值的陈述,例如,图书馆通过提供各类教育资源帮助人们实现个人发展、通过提供政府信息保障民主参与、通过提供社区信息帮助人民共享社会福利等,不仅言说者寡,而且不可避免地受到主流话语的排挤。正如Volosinov 所指出的,说话者的视角或准线决定了哪些"事实"能够进入他(她)的视野[8]。

公共图书馆评估总结材料就是在这样的历史条件下,在试图证明图书馆服务物有所值的评估语境中开始了对"公共图书馆服务"的意义建构。如下例所示,对"公共图书馆服务"的意义构建,评估总结材料主要是通过服务描述、服务分类和服务命名等言语实践来实现的。在第一段陈述中,图书馆服务被隐含地划分为:基础服务、深化服务和读者活动三大类;不仅如此,基础服务被建构成了一般读者享用的服务,深化服务被建构成了党政机关、企业、专业用户享用的服务。在第二段陈述中,图书馆服务被显性地划分为读者服务和经济建设服务,其中,读者服务又通过列举法被建构为发放借书证、接待读者、标准化乡镇图书馆(室)的建设、在馆外设读者服务点、送书等图书馆活动;为经济建设服务被建构成信息产品的编辑,其服务对象则被建构为党政机关及企业。

"目前,全省各级图书馆在服务方式上,普遍实行了开架借阅、延长开馆时间、全天候开馆、敞开办证、发展流通点与分馆、送书上门等服务;在深化服务上,各级图书馆以文献开发、信息传递为主要内容,开展了为党政机关决策提供参考资料,为中小企业和乡镇企业以及个体户、专业户提供科技信息咨询;各级图书馆稳步实施'知识工程'……积极组织开展各类群众性多读书读好书活动……"

"读者服务工作丰富多彩,为经济建设服务成果突出。全省公共图书馆共发放借书证267718个,1997年共接待读者594.9万人次,图书馆利用率达52.8%,其中市级馆为238.1万人次,县级馆为309.4万人次。同时我们还抓了标准化乡镇图书馆(室)的建设……现已有30余个乡镇图书馆(室)申报达标晋级。各图书馆都达到了规定的开馆时间,很多馆节假日不闭馆。各馆均制定了'文明服务公约',加强馆内窗口服务。全省在馆外设读者服务点165个,送书48.3万册,定期轮换书刊,增强了图书馆的辐射能力,扩大了图书馆服务工作的覆盖面。"

这样一来,关于"公共图书馆服务",现有评估总结材料成就了以下意义:"公共图书馆服务=(面向普通读者的基础服务+面向党政机关及企业的深化服务)",其中,"基础服务=外借+阅览+建设馆外服务点+送书上门+读者活动""深化服务=编印信息产品+信息传递+信息咨询"。它同时排除了以下意义:"图书馆服务包括面向普通读者的深化服务""图书馆的基础服务包括信息处理、传递、咨询"。通过这样的意义赋予与排除,公共图书馆评估总结话语就为"公共图书馆服务"建构了如图1所示的意义。图中的实线表示被建构的意义,虚线表示被排除的意义。

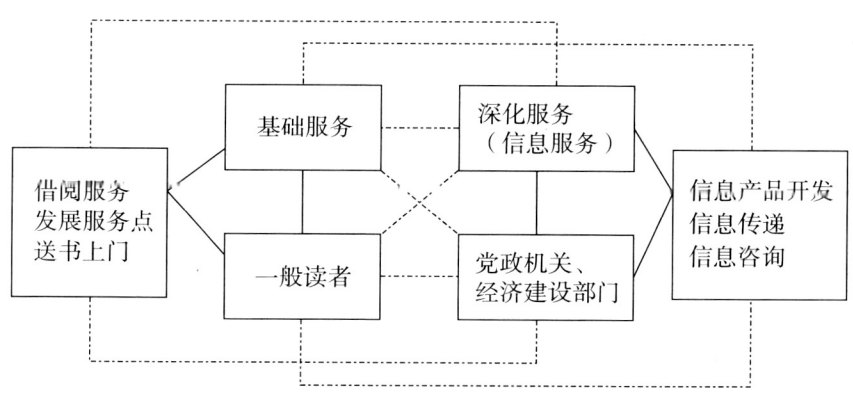

图1 评估总结话语对公共图书馆服务的意义建构
(实线表示被建构的意义,虚线表示被排除的意义)

一旦被排除的意义经话语分析而显现出来,上述建构意义的真理性也就充满了疑点:公共图书馆服务活动之间是否存在内在的基础与深化之别?我们依据什么来裁决一项服务属于基础服务还是深化服务?那些解决一般读者日常需求的信息服务(如政府信息服务、生活问题信息服务、介绍和引介当地政府部门和公共服务的信息服务)属于基础服务还是深化服务?如果所有"信息服务"都属于深化服务,那么一般读者是否有权享用深化服务?

5 "图书馆服务效益"的意义建构:社会效益

如前所述,在总结公共图书馆评估定级结果的过程中,总结性话语面临的一个重要任务就是建构公共图书馆存在的合理性,即表明公共图书馆已经获得的资助是值得的,将来增加经费也是应该的。公共图书馆作为社会公益事业的性质决定,"社会效益"是建构公共图书馆存在合理性的最有力的话语资源,因而,对"公共图书馆社会效益"的意义建构也就成为几乎所有评估总结材料的内容。以下两条陈述代表着评估总结性话语对社会效益的两种典型建构方式。在第一条陈述中,"社会效益"是通过"评语式标题句+服务种类或特征"而加以建构的,其中大部分服务种类或特征都是公共图书馆评估指标体系中被赋予分值的方面;在第二条陈述中,公共图书馆的社会效益是通过"评语式标题句+服务数量"加以建构的。

"各馆坚持'读者第一,服务至上'的宗旨,充分发挥图书馆的各种职能作用,积极适应社会需求,不断拓宽服务领域,服务职能得到进一步延伸和拓展,读者活动内容更丰富,形式也更多样,收到了明显的社会效益。(1)积极开展阵地服务,扩大开架量……(2)延长开馆时间……(3)积极开展馆外服务,[建设服务点]……(4)重视和坚持每年开展'图书馆服务宣传周活动'……"

"积极开展阵地服务,扩大开架量……23 所图书馆藏书量总计 438.9 万册,其中开架量为 297.65 万册,达 67%以上……22 所图书馆通过办报、专栏、通报等方式,年书刊宣传达 16 220 种……延长开馆时间,全年开馆。所有图书馆都能达到全年天天开馆,县级馆中有 2/3 图书馆开馆时间能达到评估最高要求每周 60 小时以上。"

在这样的意义建构中,评语式的标题句首先确定图书馆服务已经收到了明显的社会效益,然后列举产生社会效益的服务种类或服务特征及数量,从而赋予"社会效益"以下意义:"社会效益就是面向普通读者的、一定数量的服务输出";"图书馆的社会效益=面向普通读者的'服务A×数量+服务B×数量+服务C×数量'""图书馆服务效益测度的是图书馆服务过程(办证、开馆、送书等)的状态(如开馆时间很长)"。

在赋予"社会效益"以上意义的同时,评估总结话语也将若干意义排除在外。特别值得注意的是上述意义的反面:"图书馆的服务输出不等于社会效益""图书馆社会效益测度的不是服务过程的状态而是其结果"。随着这些意义被排除,一系列相关的陈述也被排除在有关"社会效益"的话语之外,例如,"社会效益产生于对图书馆服务的有效利用""社会效益是图书馆服务对读者产生的实际益处""关注社会效益就要关注图书馆对读者生活的影响""一个拥有十几个员工,每周开放60小时,却只有数百个持证读者的图书馆,不仅不产生社会效益,反而会造成社会资源的浪费"。

这些被排除了的意义和相关陈述一旦经话语分析显示出来,我们就会发现,在接受"图书馆社会效益"建构意义的同时,我们正在放弃对效益问题的其他追问:那些由"服务A×数量+服务B×数量+服务C×数量"表达的服务输出(如60个小时的开放时间、上万种的书刊宣传)是否真的被利用了?是否对读者产生了实际益处?是否因缺乏利用者反而造成了社会资源的浪费?公众对公共图书馆的投入是否物当其值?事实上,正是为了回答这样的问题,并弥补输出指标在这些追问面前的苍白无力,自20世纪70年代,国外图书馆界开始刻意区分"图书馆输出"和"社会效益"的意义建构[9];自20世纪90年代开始,国外图书馆将反映图书馆社会效益的评估指标——社会影响力(social impact)指标,纳入了公共图书馆的评估体系。

6 "图书馆服务效益"的意义建构：经济效益

20世纪80年代中期，在经济改革和市场观念的影响下，经济效益也成为我国公共图书馆证明自身价值和存在合理性的重要话语。图书馆职业话语曾经试图从两个方面建构"经济效益"的意义。一方面是试图把公共图书馆建构为文化产业的市场主体，证明图书馆可以利用其掌握的文献资源回收经济收益；另一方面是试图把公共图书馆建构为其他市场主体（如企业）的信息提供者，证明图书馆可以利用其掌握的信息帮助企业创造经济价值。从20世纪80年代中期到90年代初，第一种方式虽然在一定程度上建构了公共图书馆的存在价值，但同时也为地方政府减少对公共图书馆的财政拨款提供了话语资源，例如，"[公共图书馆要]两条腿走路，财政挤一点，自己也想些办法……积极拓宽经济来源，在积极发挥图书馆的优势，履行图书馆职能的前提下，积极开展以文献信息开发为主要内容的'以文补文'活动和其他一些带有第三产业性质的经营活动，增强自身发展的活力"[10]。很多地方政府就是通过这样的话语资源，建构了图书馆在公共财政分配中的地位。20世纪90年代以后，公共图书馆界在建构自身的经济效益时，似乎更经常地采用第二种角度，即把公共图书馆建构为其他市场主体的信息使者。

以下评估总结材料正是通过讨论图书馆信息服务对企业的贡献建构了其经济效益。第一条陈述通过主语连用和关联暗示等方法，在图书馆的信息服务和服务对象的财富创造之间建立了关联，从而建构了"图书馆的经济效益＝它对财富创造的贡献"的意义。第二条陈述则通过一个总结性句子将图书馆为政府、企业、科研机构提供的信息服务等同为经济效益，从而建构了"经济效益＝面向政府、企业、科研机构的服务输出"的意义。

"xx[图书馆]为企业生产提供技术服务，使xx公司免受直接经济损失40万元;图书馆为市农协、市供销合作社等单位及时提供文献检索、咨询服务,使他们指导农民走上致富的道路;xx馆多年来坚持为xx服务公司工程师提供图书资料,专门为他订购6种科研期刊,他研究的'HSX高效油水分类器'每年创效益128万元。"

"充分开发信息资源,为科研生产服务"。各馆基本上建立了重点读者档案,实行了定题跟踪服务。特别是xx县图书馆主动跟科技局、科协、滩涂办、水科所等科技部门建立了科技协作关系,先后进行了高效养猪技术、网箱养鱼技术、生物蛋白添加剂饲料加工的研究与推广等课题的研究。2002年10项课题研究中共有6项获奖,既满足了科技户的特殊信息需求,也促进了当地经济的发展。"

世界图书馆学文献中有关图书馆经济效益的若干意义在上述建构中已被排除。首先被排除的是"一般读者服务也产生经济效益"的意义。20世纪90年代以来,国外一系列"公共图书馆经济影响力"研究课题都显示,图书馆的各种服务都可能产生经济效益。例如,图书馆通过帮助用户参加终身教育、改善就业能力而产生经济效益;图书馆通过凝聚社区力量、提高社区品味、改善投资环境、吸引投资而产生经济效益;图书馆通过吸引读者、促进周边商业的繁荣而产生经济效益。我国公共图书馆评估总结材料对"经济效益"的建构显然无法容纳这些含义。被评估材料的意义建构排除的另外一层含义是,"面向政府、企业、科研机构的服务输出未必产生经济效益;图书馆服务只有在它被有效利用后才可能产生经济效益"。当"为企业或协会提供文献检索""为科研人员订购期刊""为重点服务对象提供跟踪服务"被建构为图书馆的经济效益时,对"利用效果"的关注也就悄然消失了。

6.6 职业话语里的"图书馆真实"及其影响

阿根廷文学家、阿根廷国家图书馆前馆长博尔赫斯曾经说过,"天堂应该是图书馆的模样"。近年来,这句话被我国图书馆界广泛引用;引用者中或许不乏通过"图书馆"来设想天堂模样的人,但更多的人是希望通过"天堂"来建构图书馆的模样。问题是,天堂和图书馆,它们究竟是什么模样?在很多时候,我们对图书馆本应该是什么模样,或者说我们对"图书馆真实",其实并不肯定,这就为我们通过话语建构真实留下了很大空间。正如Talja在考察话语分析作为一种研究方法时所说的:"话语并不仅仅是表达图书馆机构的意义,事实上,它们使我们能够制造图书馆的意义(Discourses do not only express, for instance, the library institution's meanings, they in fact make it possible to produce meanings about the library)。"[11]

评估总结材料通过各种意义的建构制造了以下真实:图书馆服务就是图书馆面向个人或机构读者所开展的活动,其中面向个人读者的活动构成图书馆的基础服务,面向党政机关、企业、科研机构的活动构成图书馆的深化服务或信息服务;前者的叠加就构成了图书馆服务的社会效益;后者的叠加构成了图书馆服务的经济效益。

这一建构究竟离"图书馆真实"有多远?一个彻底的话语分析学者(如福柯)可能会忽略这样的提问,因为从根本上(即从本体论和认识论立场)而言,话语分析方法不承认或至少不关注"真实"的存在;话语分析方法的预设前提是,只有建构的"真实",没有绝对的"真实"。这篇短文显然无法解决"真实"是否存在这样的根本问题,但假如我们暂且抛开本体论和认识论上的争议,暂时放弃对绝对真实的追问,我们或许可以通过比较被话语成就的意义和被它消弭的意义来考察建构意义的"真实性"。我们可以追问的是:那些被评估话语成就的意义是否比被排除的意义更有理由成为"图书馆真实"?

本文的粗略分析已经显示,在"图书馆服务""图书馆服务的社会效益""图书馆服务的经济效益"的建构中,的确有很多意义失去了立足之地。而在被排除的意义中,最明显的就是建构意义的对立面和已被世界图书馆界所接受的意义。一旦将这些意义并置(见表1),我们将会发现,建构的意义很难面对被排除意义的合理性诘问。例如,为什么面向大众的服务(如政府信息公开服务)与"深化"无缘?为什么我们可以脱离利用效果来理解图书馆服务的"效益"?为什么我们不能从面向大众的服务中挖掘"经济效益"?

表1 公共图书馆服务的建构意义和排除意义

	建构的意义	被排除的意义
图书馆服务	√ 面向一般读者的"基础服务"(办证、借阅、送书上门或流通点等) √ 面向党政机关、企业、科研单位、重要个人的"深化服务"(信息服务、检索服务、定题跟踪等)	√ 面向机构的基础服务 √ 面向大众的深化服务
图书馆服务的社会效益	√ 社会效益来源于面向一般读者的服务 √ 社会效益彰显在办证数量、开馆时间、借阅册次等指标上	√ 社会效益来源于所有图书馆服务 √ 社会效益彰显在读者对图书馆服务的有效利用中
图书馆服务的经济效益	√ 经济效益来源于面向党政机关、企业、科研机构或人员的服务 √ 经济效益彰显在二三次文献编辑数量、定题跟踪数量等指标上	√ 经济效益产生于所有图书馆服务 √ 经济效益彰显在读者对图书馆服务的有效利用中

随之而来的更值得关注的问题是:这些经不起诘问的意义建构已经在多大程度上成为我们的思维定式?而这种思维定式正在多大程度上建构我们的实践?话语分析理论认为,话语在建构意义的同时具有能动地建构意识(思维)和社会实践的功能。由于话语对意义的建构(特别是对其他意义的排除)具有隐蔽性,所以,人们往往会在不知不觉中把话语建构的"真实"作为客观真实而接受,把话语建构的"真实"边界作为理所当然的边界而接受。话语建构的真实一旦获得了这样的地位,它就成为判断其他意义合法性的标准。在有关公共图书馆服务的意义建构中,包括公共图书馆评估总结材料在内的话语事件,

也为图书馆职业提供了关于什么是图书馆服务、什么是图书馆服务的效益、如何提高图书馆服务效益等的真实边界。对我国公共图书馆界的动态稍加留意,就能看到这种思维定式的身影。2008年年初,当《政府信息公开条例》把政府信息服务提到公共图书馆议事日程时,尽管这项服务既符合公共图书馆的信息保障使命,也符合公共图书馆对民主支撑作用的长期追求,但依然有不少专业人员对它的合理性表示了置疑。尽管目前尚无人对置疑的声音进行梳理,但可以肯定的是,这种置疑不是来自专业人员的个人好恶,而是来自一个职业的选择倾向,而这一选择倾向正是图书馆职业话语成规(discursive formation)的一次彰显。

7 结 语

围绕三次公共图书馆评估,产生了一大批与评估相关的话语事件:评估动员会、评估交流会、评估总结会,以及公开发表的评估总结材料。由于评估活动所受到的广泛关注,而且由于这样的事件每四年重复一次,它们对我国"公共图书馆服务"具有不可忽视的建构作用。

与任何话语一样,评估总结性话语也是通过突显一部分意义和排除另外一部分意义来完成意义建构。对于公共图书馆服务,公共图书馆评估总结话语所凸显的,首先是"面向普通公众的借还服务"的意义,其次是"面向政府和企事业单位的信息开发、编辑、传递"的意义。对于图书馆服务的效益,评估总结话语所凸显的,首先是图书馆服务的范围和数量;其次是图书馆对财富创造的贡献。被上述意义建构消弭的,首先是面向普通读者的信息服务;其次是对图书馆服务利用情况的关注。前者事实上从公共图书馆职业的视野中排除了公众在参与民主进程、享受社会福利、提高生活质量过程中产生的信息需求,如对政府信息、公共服务及福利权益信息、社区设施及事件信息、日常生活信息的需求;后者则排除了人们对公共图书馆服务实际利用情况的追问。

　　遗憾的是,像所有话语一样,公共图书馆评估总结话语并不显现被自身排除了的意义,因此,对于大多数读者来说,评估总结材料一边赋予意义,一边排除意义的作为并不是透明的。正因为如此,这些话语,若不加剖析,就可能制约职业思维,在我们的职业实践中留下维根德所说的管状视野和盲点(tunnel vision and blind spots)[12]。透视这些盲点并不是要否定评估定级活动的价值,也不是否定评估总结材料的写作水平;事实上,在话语分析看来,话语并不是作者写作的产物,而是一个领域话语成规的产物。因此,如果说批评和反思,那么本章反思的是这个领域的话语成规以及它所反映的职业思维方式。这种思维方式的存在极有可能成为公共图书馆功能创新的障碍。

参考文献

1　政治与职业理性中的"先进文化"——关于"三个代表"与图书馆文化使命的思考. 图书馆杂志,2004(9):13-18

2　竹帛斋(程焕文). 竹帛斋图书馆学论剑——用户永远都是正确的. 广州:广东人民出版社,2008

3　李国新等. 公共图书馆与政府信息公开. 中国图书馆学报,2008(3):41-46

4　黄国文,徐珺. 语篇分析与话语分析. 外语与外语教学,2006(10):1-6

5　Sawyer R K. A discourse on discourse:An archeological history of an intellectual concept. Cultural Studies,2002,16(3):433-456

6　Stevenson Siobhan. The rise and decline of state-funded community information centres:A textually oriented discourse analysis. Canadian journal of information and library science. 2001,26(2-3):51-75

7　《中国图书馆统计年鉴》编委会. 中国图书馆统计年鉴. 北京:北京图书馆出版社,1997

8,11　Talja Sanna. Analyzing qualitative interview data:The discourse analytic method. Library & Information Science Research,1999,21(4):459-477,47

9　Orr R. H. Measuring the goodness of library services:A general framework for considering quantitative measures. Journal of Documentation,1973,29(3):315-332

10 张惯文. 天津市政府秘书长张惯文同志在天津市第五次公共图书馆工作会议上的讲话. 天津,1995

12 Wiegand Wayne A. Tunnel vision and blind spots:What the past tells us about the present:reflections on the twentieth-century history of American librarianship. Library Quarterly,1999,69(1):1-32

原载于《中国图书馆学报》,2009 年第 4 期

走进普遍均等服务时代：近年来我国公共图书馆服务体系构建研究*

1 引言

普遍均等服务是世界各国公共图书馆事业的共同原则和目标,也是我国几代图书馆界前辈的梦想。但是,直到21世纪的最初几年,在建设和谐社会和新农村的背景下,在"公共财政的配置重点转到为全体人民提供均等化基本公共服务"的前提下,我国公共图书馆事业才切实瞄准了普遍均等服务的目标。可以说,随着我国进入了经济、政治、文化、社会全面发展时期,公共图书馆事业也进入了一个新时代:普遍均等服务时代。在这样的背景下,中国图书馆学会决定立项"图书馆服务网络构建研究"课题,以期了解、分析、总结我国公共图书馆界在普遍均等服务目标驱动下,开展四级服务网络建设的经验。

课题由苏州图书馆和南开大学信息资源管理系联合承担。课题组首先对全国的地级市图书馆进行了电话访谈。对于专业文献中已存在相关报道的省份(如浙江、江苏、广东等),课题组将其所有地级市图书馆都确定为访谈对象;对于专业文献中未见报道的省份,课题组一般先联系省图书馆学会或省图书馆,然后根据省学会或图书馆提供

---

* 本书与邱冠华、许晓霞合写。

的情况对地级市图书馆进行抽样访谈。自2006年底至2007年年初，课题组总共电话联系了163家地级市图书馆，成功访谈123家（无效访谈主要包括电话长期无人接听或拒绝访谈两种情况）。访谈内容主要涉及地级市图书馆及所辖各县图书馆开展服务点建设、总分馆建设和服务网络建设的内容和形式。考虑到全国图书馆界对上述概念的理解并不统一，访谈过程特意回避了概念界定，而是首先让接受访谈的图书馆自己判断他们是否开展了以上工作，如果回答是肯定的，再请他们介绍相关内容和形式。

根据电话访谈的结果，课题组确定了总分馆建设和服务网络建设比较活跃的以下城市作为实地考察对象：北京、上海、天津、苏州、杭州、广州、深圳、东莞、佛山，后来又补充了嘉兴。实地考察内容涉及总分馆或服务网络的启动过程（契机、所属项目、经费、主导力量、相关文件等）、建设目标、运行模式、制约因素、使用效果等方面。

随着研究的深入，课题组发现，四级服务网络的构建仅仅构成了近年来我国公共图书馆事业建设的一部分。事实上，为了建设覆盖全社会的、保障普遍均等服务的公共图书馆服务体系，我国政府和图书馆界在基层图书馆建设、总分馆建设、服务网络建设等方面均开展了形式多样的创新。课题组决定调整调研题目，以期更全面地反映这些创新的成果和经验。

本文是课题调研成果之一。它首先梳理了与普遍均等服务相关的关键概念（近年来，这些概念的使用一直存在着极大混乱，在有些领域，概念混乱已经开始桎梏我们的创新思路）；然后对基层图书馆建设、总分馆建设、服务网络建设的创新性实践进行了总结、归类、比较、评价；在此基础上对未来我国公共图书馆服务体系的建设提出了建议。

2 关键概念：普遍均等服务、公共图书馆服务体系、区域性服务网络、总分馆体系

公共图书馆服务体系是指一个地区的公共图书馆以保障普遍均

等服务、实现信息公平为目标,独立或通过合作方式提供的图书馆服务的总和,或者说,公共图书馆服务体系包括所有单个图书馆以及它们建立的任何形式的合作平台。按这样的理解,一个国家的公共图书馆服务体系包括这个国家的所有公共图书馆及其合作关系,而一个地区的公共图书馆服务体系则包括这个地区的所有公共图书馆及其合作关系。

所谓普遍均等的公共图书馆服务是指一个国家或地区的公共图书馆服务体系可以保障居住其中的所有人,无论其经济社会地位、年龄、性别、身体状况、种族宗教等区别,都能就近获取其需要的知识、信息、文化资源以及其他图书馆服务。联合国教科文组织的《公共图书馆宣言》对普遍均等服务的表述是:"公共图书馆应不分年龄、种族、性别、宗教、国籍、语言或社会地位,向所有的人提供平等的服务。"而著名印度图书馆学家阮冈纳赞的表述则更简洁:"每位读者有其书。"

保障普遍均等服务的公共图书馆服务体系应该具有两个基本特征:一是全覆盖,即保证所有人都能就近获得服务——当然,就近的标准需要界定;二是包容性,即体系内的每个公共图书馆都不以经济社会地位、年龄、性别、身体状况、种族宗教等因素排斥任何人。

根据国外总分馆体系模式和国内近年来总分馆发展趋势,本研究将总分馆体系定义为:由同一个建设主体资助、同一个主管机构管理的图书馆群,其中一个图书馆处于核心地位作为总馆,其他图书馆处于从属地位作为分馆;分馆在行政上隶属于总馆,或与总馆一起隶属于同一个主管部门,在业务上接受总馆管理。与此相关的两个概念是公共图书馆建设主体和公共图书馆管理单元。建设主体指保障公共图书馆建设和运行所需经费的政府、社会团体或个人,在多数国家,公共图书馆的建设主体是某一级地方政府;管理单元指由同一个主管部门统一管理的图书馆群,例如,英国共有4000多个公共图书馆,但只有208个管理单元。总分馆体系的基本特征就是总馆和分馆共享同一个建设主体并隶属于同一个管理单元。正是建设主体和主管部门的同一性将总分馆连结为管理统一、联系紧密的服务体系,使总分馆之间可以统一规划业务活动，统一制定规章制度，统一人财物管理，统一开展图书馆评估；使用统一的管理系统和读者证，实施通借通还。也正因为如此，在国外，某某总分馆体系经常被看作、称作某某图书馆，就如同它们是一个图书馆。例如，当美国同行提到芝加哥公共图书馆、加拿大同行提到多伦多图书馆、英国同行提到"莱斯特郡图书馆与信息服务"，他们事实上都在谈论一个总分馆体系。值得说明的是，在我国，由于受公共文化管理体制的约束，近年来发展起来的总分馆很少隶属于同一个建设主体和主管部门，因此，只能算是业务上联系相对紧密的准总分馆体系。

区域性公共图书馆服务网络是指一个地区的图书馆在一定的协调组织和计算机管理系统支持下，组成由若干总分馆体系和独立建制的图书馆共同参与的网状行业管理结构。区域性网络与总分馆体系的区别在于，在真正的总分馆体系背后，是统一的建设主体（通常是地方政府）和主管部门（通常是地方政府的某个部门）；而在区域性网络背后，是共同的行业协调组织。

3 公共图书馆普遍均等服务进入我国政府议事日程

尽管公共图书馆界对普遍均等服务的追求由来已久，但最终决定这一目标能否实现的是政府。这是因为，普遍均等服务的两个基本条件，特别是全覆盖的条件，已经超出了图书馆职业的能力范围。正因为如此，20世纪30年代，世界著名图书馆学家阮冈纳赞在阐释阮氏版本的普遍均等服务原则——"每位读者有其书"时，就明确提出，这一原则的责任人是国家。

我国政府大约在"十五"前后开始把普遍均等的公共文化服务纳入议事日程。2002年3月，国务院办公厅转发文化部、国家计委、财政部《关于进一步加强基层文化建设的指导意见》，明确提出要把文化基础设施建到城市社区和农村村庄("城市要在搞好群艺馆、文化馆、图书馆建设的同时,加强社区和居民小区配套文化设施建设……农村要因地制宜建设乡镇文化站和村文化室")。2005年11月,中共中央办公厅、国务院办公厅《关于进一步加强农村文化建设的意见》继续强调文化基础设施到村,同时提出建设农村公共文化服务网络("坚持以政府为主导,以乡镇为依托,以村为重点,以农户为对象,发展县、乡镇、村文化设施和文化活动场所,构建农村公共文化服务网络")。2006年,《中华人民共和国国民经济和社会发展第十一个五年规划纲要》明确提出要"加大政府对文化事业的投入,逐步形成覆盖全社会的比较完备的公共文化服务体系"。《国家"十一五"时期文化发展规划纲要》进一步强调:要"以实现和保障公民基本文化权益、满足广大人民群众基本文化需求为目标,坚持公共服务普遍均等原则,兼顾城乡之间、地区之间的协调发展,统筹规划,合理安排,形成实用、便捷、高效的公共文化服务网络";同时进一步强调文化基础设施到村("在巩固县县有图书馆、文化馆的基础上,基本实现乡镇有综合文化服务站,行政村有文化活动室")。

总之,"覆盖全社会""坚持公共服务普遍均等""保障公民基本文化权益""基本满足居民就近便捷享受文化服务的需求"等关键词,系统一致地出现在近年重要的政府文件中,表明建设普遍均等的公共文化服务(包括公共图书馆服务)的目标已经进入了我国政府的议事日程。

4　构建覆盖全社会的公共图书馆服务体系:主要工作与思路

在上述背景下,已有不少地方政府开始投入专门经费,按普遍均等服务原则构建本地区的公共图书馆服务体系;在政府还没有发挥主导作用的地区,公共图书馆队伍也开始通过各种途径将现有服务延伸到社区和农村。政府和公共图书馆界已经开展的工作主要集中在以下方面：

> 基层图书馆建设：在整个公共图书馆服务体系建设中，这项工作的目标就是提高公共图书馆服务覆盖率，使更多的人能就近获取公共图书馆服务。

> 总分馆建设：目前这项工作的目标是在一组图书馆之间建立起具有一定的统一管理能力、服务相对规范、联系相对紧密、可持续发展能力相对强的图书馆共同体（准总分馆体系）；该共同体可以借助总馆的力量维持分馆的可持续发展，借助分馆的触角延伸总馆的服务。

> 区域性服务网络建设：这项工作的目标是通过行业管理和合作，将一个地区隶属于不同建设主体和主管部门的图书馆联结为以资源共享为核心的服务网络，增强本地区公共图书馆服务体系的行业管理能力和普遍均等服务能力。

5 构建覆盖全社会的公共图书馆服务体系：基层图书馆建设

在我国，"基层图书馆"的概念通常被用来指县级及以下图书馆。从"六五"到"十五"的25年间，我们基本上实现了县县有图书馆、文化馆的目标。近年来，基层文化设施建设的重点已经开始转移到街道/乡镇和社区/村庄两级。从普遍均等服务的角度看，这是一个非常重要的转变，因为只有这样，才能保证大多数人就近获得公共图书馆服务，换言之，才能保证公共图书馆服务对大多数人口的覆盖。

5.1 街道/乡镇图书馆建设

近年来，中央及地方政府的相关政策对街道/乡镇一级图书馆都有相对明确的规定，这包括：①性质：街道/乡镇图书馆是公益性文化设施的组成部分,主要由公共财政支持,是政府的责任。②覆盖率:普及到每个街道/乡镇,一般作为街道/乡镇综合文化服务站的组成部分。③建设主体:一般为街道办事处/乡镇政府,但2002年的《关于进一步加强基层文化建设的意见》已经提出,"加强基层文化建设的主要责任在县(市)、区级人民政府"。④管理:乡镇文化站要配备专职人员管理。

在一些地区,地方政府已经开始按上述指导思想建设街道/乡镇图书馆。例如,北京市把街道/乡镇图书馆的建设标准纳入了《北京图书馆条例》,规定:街道、乡镇公共图书馆(室)的建筑面积应当达到100平方米以上,阅览座位应当达到30席以上;年入藏文献信息资料不得少于1000册(件)。2002年10月发布的《北京市人民政府关于进一步加强基层文化建设的意见》明确提出,区县政府应承担起基层文化建设的主要责任。2002年之后,北京市的不少区县(西城区、东城区、丰台区、崇文区等)都开始按《条例》标准,由区县财政支持街道(乡镇)馆建设,例如西城区财政每年为街道图书馆投入总共30万元购书经费。这一模式被称为"区街共建模式"。

在其他地区,街道/乡镇图书馆通常由街道办事处/乡镇政府与县级及以上图书馆联合建设,很多基层图书馆也因此成为县级及以上图书馆的分馆或流通点。

5.2 社区/乡村图书馆(室)

关于社区/乡村一级图书馆(室)的建设,我国的政策比较模糊。例如,在建设主体方面,政府一方面鼓励农民自办文化,"大力发展农村民办文化。通过民办公助、政策扶持,鼓励农民自办文化,开展各种面向农村、面向农民的文化经营活动,使农民群众成为农村文化建设的主体"①;另一方面又强调加大对农村的文化投入,"各级财政要统

---

①② 中共中央办公厅,国务院办公厅. 关于进一步加强农村文化建设的意见

筹规划,加大对农村文化建设的投入,扩大公共财政覆盖农村的范围,不断提高用于乡镇和村的比例。保证一定数量的中央转移支付资金用于乡镇和村的文化建设"②。按目前公共文化的建设体制,社区/乡村图书馆建设主体的模糊性几乎是必然的:长期以来,我国一直实施"一级政府负责一级图书馆"的建设体制,最低一级地方政府负责的是街道/乡镇图书馆。社区和乡村图书馆既然没有对应级别的地方政府,因而也就没有对应的公益性建设主体。

目前,社区/乡村图书馆(室)存在多种形式。第一种是部分地方政府根据普遍均等服务原则,按照一个社区/乡村一个图书馆(室)的布局统一建设的公益性图书馆(室)。在深圳,多数社区图书馆(室)就是这样建设起来的。2003年深圳市出台的《深圳市建设"图书馆之城"(2003—2005)三年实施方案》(以下简称《方案》)提出:用三年时间,争取让每个社区都有一座规模不等的图书馆(室)或"共享工程"基层网点;到2005年年底,基本实现每15万常住人口拥有一座公共图书馆,每1.5万常住人口拥有1个社区图书馆(室)。《方案》没有明确规定社区图书馆(室)的建设主体,但在《方案》实施的三年中,社区图书馆的最初设置经费大都来自区财政。在福田区,每建一个社区图书馆,区政府就投入20万元设置经费,另外每年再投入10万元运行经费;在南山区,区财政一次性投入700万元建起了83家社区图书馆;在宝安区,自1998到2004年,区财政陆续投入900万元,建立了104家社区图书馆。截至2005年年底,深圳的622个社区中,已有473个建立了社区图书馆。

第二种形式是农家书屋。目前大部分农家书屋都是"农家书屋工程"的产物。农家书屋工程是由新闻出版总署和中央文明办等八家单位联合实施的新农村文化建设项目;计划"十一五"期间在全国建立20万个农家书屋,2015年基本覆盖全国的行政村;其目的是将农家书屋建设成农村出版物的发行、传播、利用的综合平台。所以,从严格的意义上说,农家书屋不是图书馆,但"农家书屋工程"的发起者希望它涵盖图书馆的部分功能。

第三种形式是由居委会、村委会等基层组织以及各种社会力量与现有公共图书馆联合建设的图书馆（室）。在全国各地零散地分布着大量这样的图书馆。天津图书馆与阳光100房地产开发商合建的"阳光100社区图书馆"、与王兰庄村委会合建的王兰庄村图书馆、深圳南山区图书馆与工业园区合建的众冠分馆都是按这种方式建设的社区或乡村图书馆。

6 构建覆盖全社会的公共图书馆服务体系：总分馆体系建设

如前所述，根据国际上比较通行的做法，严格意义上的总分馆体系是由同一个建设主体设置和维持、同一个主管机构管理的图书馆群（其中的一个图书馆被指定为总馆）。不难理解，我国现有的"一级政府负责一个图书馆"的体制不可能产生这样的总分馆体系。近年来，我国公共图书馆界致力于建设的，是具有一定的统一管理能力、服务相对规范、联系相对紧密的图书馆共同体（我们称之为准总分馆体系）。可以说，当前我国公共图书馆总分馆体系建设的实质就是在现有体制框架内寻求一种使图书馆共同体成为可能的途径或模式。截至目前，已经尝试的总分馆体系模式大致可以归纳为以下几种：通过自下而上全委托而形成的总分馆体系、通过自下而上半委托而形成的总分馆体系、通过自上而下全委托而形成的总分馆体系、通过自上而下半委托而形成的总分馆体系、通过体制改革形成的纯粹总分馆体系。

6.1 通过自下而上全委托而形成的总分馆体系

指一个总馆与其分馆之间通过协议建立的、按以下模式运行的总分馆关系：分馆或其主管部门将一定数额的年度购书经费和人员工资委托给总馆使用，总馆按双方认同的书刊数量、人员数量和资产管理办法为分馆配备藏书和人员,保证图书馆开放;分馆按双方认同的标准保证分馆运行所需的设备、场地和其他工作条件,同意将图书的资产权临时(在协议期内)转让给总馆支配;读者用一张借书卡可以通借通还总馆和任何分馆的图书。在我国现有体制框架下,这可能是最接近于真正意义的总分馆体系的模式。

苏州市采用的就是这种模式。苏州图书馆总分馆体系是以苏州图书馆为总馆、以苏州图书馆与基层政府合作建设的基层馆为分馆而构成的统一管理的图书馆群。苏州图书馆与基层政府合作的基本方式是:分馆所在地的基层政府承担场地、设备和物业等费用,并向苏州图书馆支付一定的年度费用(社区分馆为每馆每年5—8万元);苏州图书馆负责分馆的软件安装,每两个月为每个分馆调配400—500册图书(部分是新书,部分是周转书),为每个分馆配备两名以上工作人员,保证分馆每周开放不少于50小时;分馆的阅览和上网全部免证,外借需持苏州图书馆统一借书卡,可以在总馆及所有分馆通借通还。为了解决图书资产权对通借通还的限制,苏州图书馆提出了"动态资产权"概念以及与之相适应的管理办法:在资源调配和通借通还过程中,图书的资产权与图书本身一起流动:总馆将书调拨到哪里或读者将书归还到哪里,图书的资产权就"流"到哪里;因异地借还而"流动"的图书,系统会在读者还书时自动变更其资产权记录,使其作为接受还书的图书馆资产,在当地继续流通。

6.2 通过自下而上半委托而形成的总分馆体系

指一个总馆与其分馆之间通过协议建立的、按以下模式运行的总分馆关系:分馆(或其主管部门)将一定数额的年度购书经费委托给总馆使用,总馆按双方认同的书刊数量和资产管理方法为分馆配备藏书,分馆按双方认同的标准保证图书馆运行所需的设备、场地、人员和其他工作条件,并保证按时开放;读者用一张借书卡可以通借或者通借通还总馆和任何一个分馆的图书。天津图书馆扶持建设的一部分街道或社区图书馆就与天津图书馆一起构成了这样的总分馆体系。

例如,天津阳光100社区图书馆就是天津图书馆与阳光100房地产开发商合建的社区分馆。开发商每年向天津图书馆缴纳2万元购书经费,天津图书馆则每年为其配送价值约4万元的图书。读者持天津图书馆统一借书卡。

6.3 通过自上而下全委托而形成的总分馆体系

指地方政府以文件或其他形式将支持辖区基层馆建设的经费委托给当地级别最高的图书馆使用,并责成该馆为下一级图书馆配备资源,实施业务管理和服务协调,从而在该馆与下一级图书馆之间形成具有业务隶属关系的总分馆关系;总馆为分馆配备的资源产权属于总馆,总馆因此可以在基层馆之间调配资源,使其在基层馆之间流动;流动的馆藏构成中心馆的流动分馆,同时构成基层馆的"馆中馆"。

由广东省政府支持、广东省立中山图书馆负责实施的广东流动图书馆体系就是这种模式的代表。从2003年起,广东省财政每年拿出500万元(2006年起增至600万元),支持省立中山图书馆在欠发达县建立流动分馆。具体实施过程是:由希望参与流动图书馆建设的县级图书馆提出申请,在满足条件的地区,省馆、县文化局、县图书馆签订三方协议,并根据协议启动流动图书馆建设。协议规定,省立中山图书馆在县图书馆内设置流动分馆,县馆为流动分馆配备人员并负责分馆的服务。省馆为每个流动分馆配备初始藏书12 000册,书架16个,电脑2台,阅览桌椅若干,激光打印机、复印机、图书防盗仪、计算机管理系统各1台(套),价值约40万元。省馆每半年将图书流动一次,A馆流向B馆,B馆流向C馆,依次类推;每次流动前,先剔旧2000册图书,用来补充县级馆的原有馆藏;流动时,再补充2000册新书。流动书的产权归中山馆,县政府配套经费购买的图书产权归县图书馆,但所有图书的书目数据都在中山馆的书目数据库中,采用相关字段标识产权。截至2007年3月,广东省立中山图书馆已经按上述模式在39个欠发达县建立了流动分馆。

6.4 通过自上而下半委托而形成的总分馆体系

指一个地方政府以文件或其他形式将支持辖区基层馆建设的经费委托给当地级别最高的图书馆使用,并责成该馆为下一级图书馆配备资源,实施业务管理和服务协调,从而在该馆与下一级图书馆之间形成具有业务隶属关系的总分馆关系;总馆为分馆配备的资源产权属于分馆,读者用一张借书卡可以通借通还总馆和任何一个分馆的图书。北京西城区和东城区的总分馆体系采用的都是这种模式。在北京西城区,区财政每年为每个街道图书馆投入3万元购书经费(总共30万),同时委托区图书馆组建图书配送中心,为各街道馆采购、分编、配送图书;区图书馆作为中心馆,每年为每个街道馆配送1000册(件)左右的图书,指导街道图书馆的业务工作,开展街道图书馆人员培训。区财政每年为区图书馆提供10万元分馆管理费。

6.5 完全(纯粹)总分馆体系

指一个图书馆在本级政府支持下,投入一部分图书、设备、人员,在本馆之外另外开设新馆作为自己的分馆,总馆与分馆之间发放统一借书卡,读者用一张证可以使用总馆和任何一个分馆的服务。过去,这样的分馆基本上都是在馆舍更新中出现的,即图书馆在建设新馆舍后,将老馆作为分馆。值得注意的是,近年来已经出现了由总馆的本级政府主导建设的纯粹意义的总分馆体系。佛山禅城区联合图书馆就是这样一种总分馆体系。"禅城区联合图书馆"自2005年开始建设,由禅城区政府资助,由禅城区图书馆作为总馆并负责实施,其目标是建成包括主馆1个、分馆8—9个的图书馆群。联合图书馆采用统一管理、分层服务:体系内的人、财、物由总馆统一调配,图书统一采购,书目数据统一编制,文献资源所有权归属总馆,全区书刊通借通还,资源完全共享。至今,禅城区已形成了由1个总馆、4个分馆组成的总分馆体系。

7 构建覆盖全社会的公共图书馆服务体系：区域性服务网络建设

20世纪50年代，我国图书馆之间就已经开始建立比较正式的区域性合作关系，这种合作关系也经常被称为图书馆网，但这里所说的区域性公共图书馆服务网是近年来出现的一种新的行业合作形式。与以往的图书馆网不同的是，今天的区域性服务网已经突破了图书馆内部的业务合作，把跨馆利用资源的权限直接交给了读者，使他们不管持有哪个图书馆的借书卡，都可以自由利用网内任何图书馆的资源和服务。区域性服务网络建设的实质就是通过行业协调，在不同建设主体负责的图书馆之间形成资源共享机制，使读者的跨馆利用行为成为可能。近年来，各地正在探索的资源共享机制大致分为以下几种：一卡通借模式、一卡通借通还模式、分层通借通还模式。

7.1 一卡通借模式

指一个地区的图书馆在一定的协调组织和计算机管理系统支持下，组成由三级或四级图书馆（市、区县、街道/乡镇、社区/乡村图书馆）共同参与的网状行业管理结构；读者用一张借书卡可以到网内任何一个图书馆借阅图书，但须将所借图书归还原馆。典型的有2007年5月前的"北京公共图书馆服务网络"。2003—2005年间，首都图书馆与北京市的部分区县馆和街道馆共同构成了"一卡通借"网络，读者只要办理了北京公共图书馆服务网络统一借书卡，就可以到任何一个网络成员馆借阅图书。从2007年5月开始，首都图书馆、西城区图书馆、朝阳区图书馆及15家街道分馆已经开始组成通借通还网。北京市公共图书馆服务网络的最终目标是在全市范围内实现图书通借通还；因而"一卡通借"在北京仅仅是一种过渡形式。

7.2 一卡通借通还模式

指一个地区的图书馆在一定的协调组织、计算机管理系统和物流系统支持下,组成由三级或四级图书馆(市、区/县、街道/乡镇、社区/乡村图书馆)共同参与的网状行业管理结构,读者用一张借书卡可以到网内任何一个图书馆借阅图书,且可以将所借图书归还网内任何一个图书馆。上海中心图书馆一卡通、杭州一证通工程所建设的就是这种模式的网络。上海图书馆自2001年开始建设区域性服务网络,至2006年年底已形成包括1个市馆、21个区县馆、32个基层馆在内的公共图书馆服务网络。网络的成员馆向读者发放统一借书卡,并保障他们在成员馆之间通借通还图书。为了解决图书资产权对通借通还的限制,上海图书馆提出了"浮动馆藏"概念及相应的管理办法:读者持统一借书卡可以在任意馆借还图书,图书在归还地点继续流通,藏书地点自动变更,但资产权保持不变。杭州的区域性网络自2004年开始建设,包括杭州市馆及其分馆、7个县级馆及其分馆以及杭州市少儿图书馆;市区各馆加上7个县级馆之间实行通借通还。纳入通借通还服务的图书(目前还只是馆藏的一部分,以通借通还专架的形式与其他图书区分)的书目数据和持一卡通借书卡的读者数据都集中在杭州图书馆,读者持统一借书卡可以到任何图书馆的通借通还专架借阅图书,也可以把所借图书归还到任何图书馆,归还的图书在接受还书的图书馆继续流通,但资产权不变,书目数据库根据图书的流向动态反映图书的藏书地点。

7.3 分层通借通还模式

指一个地区的图书馆在一定的协调组织、计算机管理系统和物流系统支持下,组成由三级或四级图书馆(市、区/县、街道/乡镇、社区/乡村图书馆)共同参与的网状行业管理结构,读者用一张借书卡可以在一定范围(如一个区)内通借通还任何图书馆的图书。目前的深圳图书馆之城就是一个实施分层通借通还的网络。第一层由深圳图书馆(市馆)与6个区图书馆构成,在技术上采用D-ILAS系统支撑,在物流上使用物流公司的服务:每个馆各准备7个袋子,将读者归还的图书按其产权归属分别装进相应的袋子,然后通过物流车将各馆的图书归还至各馆继续流通,物流车每周配送3次。第二层由6个区图书馆与各自的分馆构成。深圳图书馆之城的目标是建成遍布深圳的无边界的图书馆网,因此目前的分层通借通还似乎是一种过渡形式。

8 构建覆盖全社会的公共图书馆服务体系:现有模式比较

如上所述,近年来,为了构建覆盖全社会的公共图书馆服务体系,我国政府和图书馆界针对基层图书馆的普及、图书馆共同体(总分馆体系)的形成、服务网络的构建开展了一系列探索,形成了多种建设模式。表1至表3比较了这些模式的主要特点及实施条件。

表1 基层(街道/乡镇、社区/村)图书馆建设模式

模式	特点	条件
政府主导型	● 市区县政府主导,建设主体上移 ● 统一规划、统一布局标准、全覆盖 ● 项目思路:在一定时间内实现全覆盖,未必考虑可持续发展 ● 不一定产生总分馆体系	● 地区经济较发达 ● 市区县政府重视文化建设(如制定有文化大省发展战略或文化立市发展战略)
联合建设型	● 基层政府和市区县图书馆联合建设 ● 零散,无统一布局标准 ● 与总分馆建设相结合	● 市区县图书馆具有较清晰的职业理念和较强的职业开拓性 ● 基层政府或社会力量比较重视文化建设

表2　总分馆体系建设模式

模式	特点	条件
自下而上全委托	• 分馆的主管部门作为建设主体；总馆作为全面管理者 • 分馆权利全面转让（人事、经费） • 资产权属于分馆，但比较淡化	• 总馆具有先进的职业理念、较强的服务能力和管理能力 • 开明的基层政府或基层组织
自下而上半委托	• 分馆的主管部门作为建设主体；总馆作为文献提供者和业务扶持者 • 无权利转让	• 基层馆已经有一定的基础 • 总分馆的互惠程度相当
自上而下全委托	• 总分馆体系所涵盖地区的最高政府作为分馆的主要建设主体；总馆作为业务管理者 • 资产权属于总馆	• 经济比较发达 • 总分馆体系涵盖地区的最高政府具有较强的财政能力和文化建设战略 • 总馆能力较强
自上而下半委托	• 总分馆体系所涵盖地区的最高政府作为分馆的联合建设主体；总馆作为业务扶持者 • 资产权属于分馆	• 经济比较发达 • 总分馆体系涵盖地区的最高政府具有较强的财政能力和较具体的文化发展战略 • 分馆具有较好的基础
纯粹总分馆	• 总馆与分馆建设主体完全统一 • 总馆作为分馆的行政和业务管理者 • 总馆拥有对分馆的所有控制权	• 公共图书馆建设体制的改革

表3　区域性网络建设模式

模式	特点	条件
一卡通借	任意馆借书，哪借哪还	• 统一管理的书目数据 • 统一管理的读者数据 • 统一的规范规章（如罚款规定）

续表

模式	特点	条件
通借通还	任意馆借,任意馆还	• 统一管理的书目数据 • 统一管理的读者数据 • 统一的规范规章(如罚款规定) • 统一的收益管理制度和系统 • 浮动馆藏或动态资产权或遍布整个区域的统一的物流系统
分层通借通还	在一定范围内实行通借通还	• 每个层次有统一的书目数据、读者数据、规范规章、收益管理系统 • 跨层次图书馆要维持两套系统 • 浮动馆藏或动态资产权或多个局部物流系统

9 构建覆盖全社会的公共图书馆服务体系:主要问题(瓶颈)

9.1 基层图书馆的建设主体问题

如前所述,在实现县县有图书馆的目标之后,我国已经进入了街道/乡镇以及社区/乡村图书馆建设阶段,即公共图书馆服务体系的末梢组织建设阶段。这一层次的图书馆不仅数量庞大,而且覆盖人口众多,其发展状况将在很大程度上决定我国能否真正实现普遍均等的公共图书馆服务。然而,按照我国目前的体制,这些图书馆的建设者恰恰是公共图书馆建设主体中能力最弱的部分——乡镇政府、街道办事处、居委会、村委会、社会力量。建设主体的薄弱至少为基层图书馆建设带来了以下问题:①长效机制或可持续发展问题。过去的经验(如20世纪90年代建设"万册书库"的经验)显示,这级建设主体设置的图书馆,一般都存在服务能力低下、可持续发展力欠缺的问题。本研究的实地考察也发现,近年出现的街道/乡镇图书馆多数都存在经费不足、人员不稳定、人员素质无法保证、服务不规范、利用率低等问题,它们的可持续发展前景的确不容乐观。②基层图书馆的布局问题:

《中华人民共和国国民经济和社会发展第十一个五年规划纲要》提出要"逐步形成覆盖全社会的比较完备的公共文化服务体系",《纲要》和随后的《国家"十一五"时期文化发展规划纲要》都隐含了"文化基础设施至社区和村"的全覆盖标准。在现行体制下,这样的全覆盖事实上就是要求按行政区划在每个社区和行政村设置一个图书馆或图书室,不考虑社区或村的人口密度、面积、两个相邻居委会(村委会)之间的距离、居委会与街道图书馆的距离等因素。我们的调研显示,由此形成的图书馆布局未必是科学的,也未必是经济的。以深圳为例,各区政府主导的社区图书馆建设就是按每个社区一个图书馆(室)的布局推进的,南山区为此设置了83个社区图书馆,但据南山区图书馆的估计,如果能够打破行政区划界限,这些图书馆完全可以整合为40个。③基层图书馆"全覆盖"的可能性问题:目前,社区/乡村一级图书馆主要靠居委会、村委会等基层组织和社会力量维持,缺乏明确稳定的公益性建设主体,因此,这一层次的全覆盖事实上缺乏稳定的经费保障。即使政府可以通过短期项目或工程(如农家书屋工程)完成覆盖,也很难保障长期覆盖。

因此,要保证基层图书馆的持续健康发展,我们必须突破现有建设主体的分工,重新界定基层图书馆的建设主体。遗憾的是,近年来尝试的基层图书馆建设模式都未能实现这一突破。在政府主导型模式中,虽然财政能力较强的市区县政府开始主动分担基层图书馆的建设责任,但是,由于这种责任没有被制度化,市区县政府对基层图书馆的参与更多被视为善举而不是义务,因此具有不彻底性(如北京)和临时性(如深圳)。在北京的区街共建模式中,区政府的参与是以配套经费的形式提供的,因而只能在一定程度上辅助街道图书馆的发展;在深圳,多数区政府对社区图书馆的投入都是一次性的,由于没有后续经费,很多社区图书馆(有些区高达三分之二)不能维持运行。在联合建设型模式中,现有市区县图书馆一般是利用自己的常规经费扶持街道和社区图书馆发展,这首先限制了他们推动建设的基层图书馆的规模,其次限制了他们对普遍均等原则的贯彻——现有图书馆一般都选择条件较好的社区建立合作关系,这事实上加剧了公共图书馆服务的非均衡分布。

9.2 总分馆建设中的体制障碍

我国现行公共图书馆建设体制总的来说是分级财政的产物。这种制度在我国确立了公共图书馆的多元建设主体和多级管理单元。从建设主体看,我国公共图书馆的建设主体包括省政府、地市级政府、县级政府、街道/乡镇级政府以及各类基层组织,每一级政府和基层组织基本上只承担一个图书馆的建设责任,有多少个公共图书馆就有多少个建设主体;建设主体的行政级别越低,其负责建设的图书馆的服务能力也越弱。从管理单元来看,每一级政府都独立设置公共图书馆管理机构,负责本级公共图书馆的人事、政策、发展规划等,一个管理单元通常只有一个图书馆。不同的建设主体和主管部门就像是一层层套子,把每个图书馆分隔成彼此独立的实体,使任何两个或两个以上的图书馆都难以有效共享资源(包括经费、人员、文献、空间等)。这事实上排除了在图书馆之间形成统一管理、统一服务的总分馆体系的可能。我们现有的总分馆模式(除了纯粹的总分馆)都可以看作是图书馆职业为了追求普遍均等服务对体制障碍的突破。

这一努力的效果因模式而异。越是接近于纯粹总分馆的模式,越有利于资源的整合和服务的延伸,总分馆建设的效果也越好。苏州图书馆实施的就是一种比较接近纯粹总分馆体系的模式,其2007年的统计资料显示,从1月至9月,每个社区分馆平均每月接待读者3803人次(7月份高达7127人次)。这个数字接近于2004年我国县级图书馆每月平均接待读者人次(3967人次)[①];大约是苏州图书馆在实施这种模式之前设置的利用率最高的流通点月均访问量的20倍;是我们调研过的相对松散型总分馆体系(多数建立在半委托关系上)中较好分馆月均访问量的大约4倍。这种差距可能有很多原因,但总馆对分

---

① 中国图书馆学会. 中国图书馆年鉴2005. 北京:现代出版社,2006:615

馆的馆藏资源、开馆时间、服务质量、人员素质等的控制程度无疑是一个非常重要的原因。在松散型的半委托模式中，由于建设主体和主管部门不同，总馆根本无法对分馆实施有效管理，因而无法保证分馆的服务水平，甚至无法保证其正常运行。在我们调研的一个总馆，承担分馆工作的部门负责人反映，该地区的分馆工作人员年流动率高达70%，即一年内有70%的分馆工作人员调动了工作。这可能是一个极端的例子，但却说明，如果总馆不能对分馆实施有效控制，什么情况都可能发生，从而使总馆与分馆之间无法行使预期的业务关系，使总分馆体系流于形式。总之，总分馆体系的正常运作依赖于能赋予总馆特定权力的管理体制，而这种体制在我国尚没有建立。

9.3 区域性服务网络建设中的认识（概念）问题

区域性服务网络由总分馆体系和独立建制的图书馆组成，是不同建设主体的图书馆之间建立的资源共享机制。它通过行业协商确定资源共享模式，可以采用成员馆认同的任何模式，包括：通用、通借、通借通还。所谓通用是指网络成员之间相互开放阅览权限（在已经免证阅览的图书馆，这条将失去意义）和预约借书权限（即允许区域内任何读者通过网络或电话向任何图书馆预约图书，并指定一个图书馆代为接收图书和办理外借手续）；通借指读者可以到任何馆借书，但需要将图书归还到借出馆；通借通还指读者可以到任何图书馆借书，也可以将所借图书归还到任何图书馆。一个区域性网络究竟采用何种形式取决于很多因素，如区域的大小、总分馆体系的状况、现有自动化管理系统的容量等，但不管采用哪种形式，都需要因地制宜，以效益为准绳。

截至目前，我们对"服务网络"概念的理解似乎存在两个误区：第一，我们理所当然地把通借通还当成了区域性服务网的内在的、普遍的形式，因而在网络建设中忽略其他资源共享形式，甚至为了追求通借通还而忽略效益。正在建设中的区域性服务网络几乎都在追求整个区域的通借通还；通借或分层通借通还仅仅被看成是一种过渡形式，而通用则基本被排除在外。其次，我们始终没有厘清"服务网络"

与总分馆体系的区别,因而一直以网络建设取代总分馆体系建设,其实质是,我们在用行业行为替代政府行为,用行业合作取代建设主体的整合,用行业创新取代体制改革。

9.4 地区差异问题

目前,能同时从基层馆、总分馆、区域性网络三个方面建设公共图书馆服务体系的地区主要集中在北京、上海、江苏、浙江、广东。前面所述的几种创新模式也主要集中在北京及东部地区。其他大部分地区还在依赖公共图书馆的传统延伸方式,缓慢地推动公共图书馆服务向基层延伸。地区差距的拉大必将制约全国范围普遍均等服务的实现。

10 构建覆盖全社会的公共图书馆服务体系:建议

(1)进一步明确公共图书馆的建设主体。在综合考虑各级政府财政能力及图书馆事业管理便利性的基础上,我们建议:在2002年《关于基层文化建设意见》提出的"基层文化建设的主要责任在县(市)、区级人民政府"的基础上,进一步明确各类地区公共图书馆的建设主体,将大城市(直辖市和部分公共图书馆较发达的副省级城市)的区政府界定为全区公共图书馆的建设主体,将副省级城市和地级市的市政府界定为整个城区公共图书馆的建设主体,将市郊的区政府、县级市政府和县政府界定为全县公共图书馆的建设主体。公共图书馆建设主体的责任包括按特定的布局标准在整个辖区内建设规模不等的固定图书馆和汽车图书馆服务点;指定其中最大的图书馆作为总馆,其他固定图书馆作为分馆,形成以建设主体同一性为基础的纯粹总分馆体系;保障整个总分馆体系的运行经费(含购书经费、人员经费、设备更新经费等);建立管理整个总分馆体系的职能机构。将省政府界定为省级公共图书馆的建设主体,但在经济发展不均衡的省份(如广东、山东、江苏），可以参考澳大利亚部分州的做法，将省政府界定为欠发达区县公共图书馆的联合建设主体。

（2）进一步明确公共图书馆服务体系的管理单元。根据国外经验和我国公共图书馆建设体制的局限，我们建议：在整合公共图书馆建设主体和主管部门的基础上，形成以总分馆体系为界线的公共图书馆管理单元，即每个总分馆体系只有一个管理职能机构。该管理机构可以赋予总馆对所有图书馆的行政和业务管理权：由总馆统一管理整个总分馆体系的人、财、物，统一制定和安排业务标准和服务内容，统一监督图书馆服务质量。

（3）在上述管理机构的统一规划和管理下，合理布局总分馆体系中的固定图书馆和汽车图书馆服务点。由于总分馆体系的主管部门可以在更高层次上统一考虑图书馆布局，图书馆的设置不一定要做到每个社区、每个行政村都有一个图书馆，而是可以在综合考虑社区人口密度、面积、社区或行政村之间的距离等因素的基础上，设置固定图书馆。按固定图书馆的分布情况设计汽车图书馆的服务路线，以最低的成本最大限度地实现普遍均等的公共图书馆服务。

（4）调整公共图书馆的评估思路。由于按上述模式建立的总分馆体系是由同一个建设主体资助的、同一个主管部门管理的整体，公共图书馆的评估思路需要从"以单个图书馆为评估单元"转向"以总分馆体系为评估单元"。

（5）摆脱"区域性服务网络＝通借通还网"的概念束缚，根据本地区总分馆体系的状况、地域特征、人口状况等因素，设计与当地情况相适应的资源共享模式。例如，在区级图书馆比较发达的大城市或在人口流动性较小的地区，不一定刻意追求全区域的通借通还；可以考虑建设使用便利的通用网络。

（6）调整国家对欠发达地区公共图书馆的援助思路，将对单个图书馆、单个村庄的援助改为对总分馆体系的援助，责成总馆在公共图书馆管理机构的监督下，负责援助经费或资源的调配、管理、使用，保证援助经费和资源的有效利用。

（7）重视图书馆职业在鼓励全民阅读中的核心作用。各地政府在发起社会教育、全民阅读、基层文化建设、农村及欠发达地区文化援助活动时,关注图书馆界的伙伴作用;关注图书馆界有关阅读问题的研究成果,用以指导社会各界的阅读促进活动、教育机构的阅读教学活动、出版机构的出版物策划活动;推广世界图书馆职业的阅读促进经验,注重从幼儿开始培养阅读兴趣,注重阅读的快乐体验,使全民阅读习惯成就于国人的幼年,贯穿于国人的一生;此外,要加大图书馆投入力度,关注图书馆人才培养,加强图书馆服务于"阅读民族"和"阅读国家"的能力,使普遍均等的公共图书馆服务体系真正成为"阅读中国"的支柱。

原载于《中国图书馆学报》,2008年第3期

建立覆盖全社会的公共图书馆服务体系

向全社会提供普遍均等的服务是公共图书馆服务于民主社会的前提,而真正的"普遍均等"是指让所有人都能就近便捷地享用图书馆服务。因此,一个国家和地区若要保证普遍均等的公共图书馆服务,就须按特定的布局标准设置足够密度的图书馆。由此设置的图书馆所涵盖的人口数量占这个国家或地区人口总数的比例,就是公共图书馆服务的覆盖率。假定1个国家规定:每5万人的镇或社区要设立1座图书馆,5万人以下的社区要设立1个流动图书馆服务点,那么,已经按标准设置图书馆或服务点的镇或社区的人口与全国总人口的比例,就是这个国家的公共图书馆覆盖率。再假如一个国家规定:每个家庭距最近的图书馆不超过2公里,那么,在住所周围2公里之内就能获得图书馆服务的人口与全国总人口的比例,就是这个国家的公共图书馆覆盖率。真正普遍均等的公共图书馆服务依赖合理的布局标准和基于这个标准的100%的覆盖率。

普遍均等服务是公共图书馆界的普遍原则,但各国为此而制定的图书馆布局标准却不完全相同。在英国,根据1964年《公共图书馆与博物馆法》所重申的普遍均等服务原则——为所有希望使用公共图书馆服务的人提供全面高效的服务,英国文化、传媒与体育部于2001年公布、2004年修订了《英国公共图书馆布局标准》:在内伦敦地区,100%的家庭距最近的固定图书馆不超过1英里;在外伦敦地区,99%的家庭不超过1英里;在城区(Metropolitan Districts),95%的家庭不超过1英里(或100%的家庭不超过2英里);在一元行政当局①管辖区,88%的家庭不超过1英里(或100%的家庭不超过2英里);在郡政府辖区,85%的家庭不超过2英里。2001年修订的UNESCO/IFLA《公共图书馆服务指南》对公共图书馆的覆盖率有一个粗略的参考标准:在城市和近郊,利用私人交通工具到达最近的图书馆的时间不超过15分钟。

我国"六五"期间提出了县县有图书馆的布局标准。这个标准在"六五"至"十五"之间基本得以实现。然而,由于县图书馆的服务范围通常仅限于县城及周边地区,按这个标准建立的公共图书馆服务体系事实上将我国的大部分人口排斥在了公共图书馆服务的覆盖范围之外。

《国民经济与社会发展第十一个五年规划纲要》(以下称《第十一个五年规划纲要》)提出了与普遍均等服务原则相一致的公共文化覆盖率目标:"加大政府对文化事业的投入,逐步形成覆盖全社会的比较完备的公共文化服务体系。"按字面意义,"覆盖全社会"的目标事实上就是100%的覆盖率目标。《国家"十一五"时期文化发展规划纲要》(以下称《文化发展规划纲要》)作为"十一五"时期文化建设的指导性文件,对《第十一个五年规划纲要》中的文化发展目标、任务做了进一步细化、拓展(第61页)。《文化发展规划纲要》虽然没有使用"覆盖全社会"的字眼,但在很多地方,都提出了与"覆盖全社会"的目标相一致的文化建设任务和措施。

《文化发展规划纲要》提出的重点文化建设领域之一是:"抓好基层文化建设,加大力度改善农村及中西部地区公共文化服务基础设施条件,完善公共文化服务体系,保障农民和城市低收入人群的基本文化权益。力争到'十一五'期末,城市的文化设施、服务网络和文化产品基本满足居民就近便捷享受文化服务的需求,在农村基本解决农民

---

① 英国的一元行政当局是专门负责特定区域公共服务(含公共图书馆服务)的单级地方政府。

群众看书难、看戏难、看电影难、收听收看广播电视难的问题"(第10页)。这里不仅强调，享受公共文化服是所有人的基本权益，而且提出，这种权益要就近得到满足。

在公共文化服务的建设任务部分，《文化发展规划纲要》进一步提出："要从现阶段经济社会发展水平出发，以实现和保障公民基本文化权益、满足广大人民群众基本文化需求为目标，坚持公共服务普遍均等原则，兼顾城乡之间、地区之间的协调发展，统筹规划，合理安排，形成实用、便捷、高效的公共文化服务网络。"(第17页)在接下来的文化设施网络布局任务里，提出了这样的布局要求："在巩固县县有图书馆、文化馆的基础上，基本实现乡镇有综合文化服务站，行政村有文化活动室。"(第18页)这意味着，所谓"覆盖全社会"的覆盖率(或100%的覆盖率)是按文化基础设施到村的布局标准而论的。

文化基础设施的覆盖是"普遍均等服务"的基础。只有当文化基础设施的覆盖率达到一定程度的时候，保障普遍均等服务和公众的基本文化权益才会成为实实在在的目标。因此，《第十一个五年规划纲要》提出"覆盖全社会"的覆盖率，标志着我国进入了切实追求普遍均等文化服务的时期，对我国公共文化事业建设具有划时代的意义。对公共图书馆界来说，这个意义可能比对其他公共文化服务更加显著。公共图书馆服务是一种高度机构化的服务(即需要依托实体化的机构才能进行)，要保障普遍均等的服务往往意味着要在缺乏服务的地区建设新的机构、分支机构或服务点。这就是说，公共图书馆服务比其他公共文化服务更需要通过基础设施的覆盖才能实现服务的普遍均等。历史上，公共图书馆职业队伍对普遍均等服务的追求，始终伴随着服务点甚至分馆的建设。近年来，随着公共图书馆界普遍均等服务意识和责任感的增强，公共图书馆服务点和分馆建设也加快了步伐。覆盖率概念和"覆盖全社会"的目标的提出，无疑为我国公共图书界的职业行动提供了有力的政策支持。

与"六五"时期提出的"县县有图书馆"的目标相比，建设覆盖全社会的公共图书馆服务体系要困难得多。按我国现有的等级制公共图书馆布局(省、市、区、县各有一个公共图书馆),所谓建设覆盖全社会的公共图书馆服务体系,事实上就是在这个等级的末梢建设街道/乡镇、社区/村图书馆(室),"实现乡镇有综合文化服务站,行政村有文化活动室"(第18页)。在现行公共图书馆建设体制下,这将意味着,在省、市、区、县图书馆所覆盖的人群之外,剩余的绝大多数人口(整个农村人口和相当数量的城镇人口)将由公共图书馆建设主体[①]中能力最弱的部分——乡镇政府、街道办事处、居委会、村委会、社会力量——来覆盖。过去的经验(如20世纪90年代很多地区建设万册书库的经验)显示,这一级建设主体设置的图书馆,一般都存在服务能力低下、可持续发展欠缺的问题。由这样的图书馆来负责对绝大多数人口的覆盖,不仅无法实现真正意义上的普遍均等服务,而且一旦它们再陷持续发展的困境,还可能造成社会资源的浪费。

《文化发展规划纲要》中有两大措施与上述问题相关,但都不能从根本上解决公共图书馆服务体系末梢的覆盖能力。措施之一是在每个乡镇建设综合文化站;估计在多数地区,综合文化站将包含乡镇图书馆(室)。文化站能否提供有效的公共图书馆服务,不仅取决于乡镇政府的文化投入,而且取决于文化站领导对公共图书馆的理解。在很多地区,这两个前提恐怕在相当长时间内都无法保证。相反,由于乡镇图书室隶属于文化站领导,乡镇图书馆(室)与其他级别图书馆的资源共享,也多了一层沟通环节。《文化发展规划》提出的措施之二是:"实行定点服务与流动服务相结合,鼓励具备条件的城市图书馆采用通借通还等现代服务形式,推动公共文化服务向社区和农村延伸"(第20页)。事实上,近年来,公共图书馆职业队伍在职业理念的驱动下,已经开始克服体制约束,通过各种行业合作机制(包括通借通还网络)将行政级别较高的图书馆的服务和资源延伸到了基层读者身边,但是,由于各级图书馆的建设主体和管理者不同,这种合作受到经费来

[①] 我国公共图书馆的建设主体包括省政府、地市级政府、县级政府、街道/乡镇级政府及各类基层组织,每一级政府和基层组织基本上只承担一个图书馆的建设责任,政府的行政级别越低,其负责建设的图书馆的服务能力也越弱。

源、资产权归属、人事安排、服务规范等诸多因素的制约,同样无法从根本上解决公共图书馆服务体系末梢的覆盖能力问题。

从发达地区(如深圳)已有的尝试来看,按现行体制建设覆盖全社会的公共图书馆服务体系,还将给这一体系带来另外一个难以克服的局限:基层图书馆(室)只能按行政区划而不是按合理的布局标准来设置,从而形成"每个街道办事处设一个街道馆,每个居委会设一个社区图书馆"的布局。这样的设置,既无法考虑社区的地域面积,也无法考虑其人口密度,因此,即使达到100%的延伸,也不能保证人人都能就近获得服务。

由此可见,尽管《第十一个五年规划纲要》和《文化发展规划纲要》为包括公共图书馆事业在内的公共文化事业提出了具有划时代意义的建设目标——建立覆盖全社会的公共文化服务体系,但至少对公共图书馆来说,要实现这个目标,还要克服很多障碍,特别是公共文化建设体制的障碍。建设覆盖全社会的公共图书馆服务体系,要求我们重新审视新中国成立以来一直实行的"多元建设主体+多层管理单元"的公共图书馆建设体制。只有当我们消除了多元建设主体和管理单元对公共图书馆资源的层层分割,我们才有可能建设强壮的公共图书馆服务体系末梢,才能真正实现对全社会的覆盖。

原载于《图书与情报》,2007年第5期

公共图书馆总分馆建设的法律保障：法定建设主体及相关问题[*]

1 前言

我国公共图书馆的法治框架酝酿已久。据李国新教授统计，从1980年到2004年，国内专业杂志上发表或专门研讨会上发表的相关论文总数近800篇，结集成书的国内外图书馆法规、文件汇编有4种[1]。2001年4月，文化部政策法规司和社会文化图书馆司联合在天津召开"图书馆法"专家座谈会，正式启动了《中华人民共和国图书馆法》的制定工作；座谈会后形成的《中华人民共和国图书馆法（草案）》于2002年9月通过了文化部的审查[2]。此后，草案的审议虽然出现了停滞，但图书馆法的酝酿并没有中断。2006年，《国家"十一五"时期文化发展规划纲要》将图书馆法列为"十一五"时期要抓紧制定的文化立法之一。

图书馆法酝酿的过程恰是我国经济社会发展及图书馆职业实践变化最快的时期，这令图书馆立法工作的参与者，特别是图书馆界的参与者不得不时常驻足，观察环境变化对立法思路甚至具体条文的影响，适时调整思路，以确保酝酿中的图书馆法能适应社会发展及职业

---

[*] 本文与陆秀萍、刘亚合写。

实践的需要。

在影响公共图书馆立法思路的所有变化中,公共服务型政府建设、覆盖全社会的公共文化服务体系构建及总分馆建设或许最具颠覆性。公共服务型政府建设是十六大以来我国政府自身改革的基本思路。服务型政府及其组织首先要考虑如何保障公共服务,特别是公共品的高效供给。我国为此已实施了政府部门的横向重组(大部委制),解决了某特定服务应该由哪个部门提供的问题;各级地方政府的纵向重组——解决某特定公共品如公共图书馆服务应该由哪级政府提供的问题——可能会成为政府改革的新议题。果真如此,公共图书馆立法者将不得不提前考虑哪级政府更适合作为公共图书馆的法定建设主体。覆盖全社会的公共文化服务体系是在科学发展观及政府职能转型背景下启动的公共文化服务工程,它要求建立健全基层文化基础设施来覆盖我国所有人口。一旦成功,它将彻底结束我国公共文化为少数人、城里人服务的历史。然而,现有体制中的基层文化建设主体——乡镇政府、街道办事处、居委会、村委会——已被多次证明无力担当基层图书馆的建设任务。在这样的背景下,图书馆立法恐怕已很难回避以下问题:由谁来建设公共图书馆服务体系的末梢组织,才能保证对全社会的覆盖?过去几年,公共图书馆界已经尝试通过总分馆建设解决这一问题。2007年,中国图书馆学会"图书馆服务网络构建研究"课题组建议:在我国构建以"总馆建设主体与分馆建设主体统一(经费来源统一),总馆主管部门与分馆主管部门统一(管理统一),总分馆人财物管理统一、服务规范与水准统一(服务统一)"为特征的总分馆。

虽然业界对此尚存异议,但综合考虑政府职能转型及覆盖全社会的公共文化服务体系的要求,我国图书馆立法过程显然已无法忽视上述声音的存在。总分馆及其"建设主体"将不得不作为一个新问题进入图书馆立法者的视野。

本文以图书馆法基本原理和国外同类图书馆法为参照,讨论总分馆制对现有公共图书馆建设体制的变革及其对图书馆法的挑战,提醒图书馆立法者在立法过程中考虑与总分馆建设相关的一系列问题。

2 公共图书馆建设主体的法律建构

确立公共图书馆的建设主体及其责任是公共图书馆法的基本内容（李国新教授称之为"图书馆设置主体的'法定化'"）。建设主体指保障公共图书馆建设和运行所需经费的政府、社会团体或个人；确定了图书馆建设主体也就确定了图书馆设置经费、人员经费、文献与设备购置经费以及其他运行经费的基本来源。目前，虽然不少国家的公共图书馆服务体系中都包含了社会团体和私人建设的图书馆，但几乎在所有国家，政府均是公共图书馆的唯一或基本建设主体。在有些国家，某一特定级别的政府独自充当公共图书馆的建设主体，负责在整个辖区内构建包括中心馆、分馆、流动图书馆在内的公共图书馆服务体系。例如：中央政府作为新加坡公共图书馆的建设主体，负责在全国范围内构建公共图书馆服务体系；郡一级政府作为英国公共图书馆的建设主体，负责在全郡范围内构建公共图书馆服务体系。在有些国家，两级或两级以上政府通过分担图书馆经费共同构成公共图书馆建设主体，例如，州政府和市县政府作为澳大利亚公共图书馆的联合建设主体，按比例共同出资在其辖区内构建公共图书馆服务体系，这意味着，在任何一个图书馆的经费中，都同时包含了来自州政府和市县政府的投入。在另外一些国家，两级或两级以上的政府在特定范围内独立建设图书馆，分别构成公共图书馆的建设主体，例如，美国很多州的县政府、市政府、镇政府、学区政府和图书馆特区政府均可依法成为图书馆建设主体，但他们在多大范围内征收图书馆税，就在多大范围内提供图书馆服务。

在一级政府独自承担公共图书馆建设责任的情况下，建设主体的"法定化"主要包括以下内容：第一，确定该政府的级别。第二，规定建设主体对公共图书馆的责任性质：强制性（statutory）还是非强制性（permissive），以及强制性责任实施情况的监督机制。如果图书馆经费来自于专门的图书馆建设税（而非统一财政），图书馆法还要赋予建设主体征收税款的权利，规定税款征收办法及比例。在多级政府共同或分别承担公共图书馆建设责任的情况下，建设主体的"法定化"除了规定以上内容,还需规定不同级别政府的分工,以及他们建设的图书馆之间的关系。例如,美国《威斯康星州图书馆法》规定,虽然各级政府都可以成为公共图书馆的建设主体,但在县政府已经提供图书馆服务的地区,镇政府若要建设独立的图书馆,需经县图书馆委员会批准;而在县政府决定成为图书馆建设主体的时候,如果其辖区内已经存在其他政府建设的图书馆,县政府可以将这些图书馆收归合并。表1列出了部分国家图书馆法对公共图书馆建设主体及其责任的规定。

在规定建设主体的责任的同时,图书馆法事实上也赋予建设主体为此利用公共经费的权利。在有些国家,这个权利使得政府可以从统一财政中支付公共图书馆经费,在另外一些国家,它保证政府可以在辖区内合法征收专门的图书馆建设税。

3 从各自为政到总分馆制:我国公共图书馆建设主体的特征

新中国成立以来,我国公共图书馆建设基本上按"一级政府建设一座图书馆,谁建设谁管理"的模式展开;与此相适应,我国的公共图书馆也依据其建设主体的行政级别分为不同等级。"十五"之前,公共图书馆建设的重点是县级及以上图书馆。从"六五"到"十五"的四分之一世纪里,我国基本实现了县县有图书馆的目标。截至2006年,我国共有县级及以上图书馆2791个[3]。县级以下的基层图书馆发展一直很不稳定。从二十世纪五六十年代的人民公社图书馆到八九十年代的乡镇万册图书馆,基层图书馆已经过了若干次"建设、衰落、再建设、再衰落"的反复,但始终没有在经济社会发展中立稳脚跟。正因为如此,我国尚不存在县级以下图书馆的权威统计资料,但可以肯定的是,县级以下的图书馆也大致按"一个基层政府建一座图书馆"的模式设置。近年来,这种模式甚至延伸至居委会和村委会等基层组织:在全国范围内,数以万计的图书室正在按"一个居委会(村委会)一个图书室"的模式建设起来。

表1 部分国家图书馆法对建设主体及责任的规定

图书馆法	建设主体	建设主体的责任性质及监督	覆盖范围及主管部门	其他相关说明
英国1964年公共图书馆与博物馆法	地方政府（Local authorities） √ 第1款和第7款规定，提供全面而高效的图书馆服务是每一个地方政府的责任	强制性 √ 1964年的公共图书馆与博物馆法规定，向公众提供公共图书馆服务是地方政府的法定责任，即强制性责任（在1850年的图书馆法中为非强制性责任） √ 1964年的法令赋予文化大臣监督地方政府图书馆作为的权力	√ 一个地方政府辖区 √ 地方政府的图书馆局	√ 根据英国地方自治法（Local government Act），这里指被授权建设图书馆的郡政府，大城市的区政府和一元行政建制中心图书馆、分馆、服务点、汽车图书馆覆盖整个辖区，包括其中的市区（Borough）和镇辖区

续表

图书馆法	建设主体	建设主体的责任性质及监督	覆盖范围及主管部门	其他相关说明
美国威斯康星州图书馆法	地方政府(Municipality) √ 第43.52款规定,市政府、村镇政府、部落政府、学区政府都可以通过征收税建设公共图书馆,但须经过州图书馆主管部门对其可行性及必要性的审查;当本县已经存在由县政府建设的图书馆时,市政府、村镇政府、部落政府或学区政府若要设置独立的图书馆,需经县图书馆委员会批准 √ 第43.53款规定,两个或两个以上的建设主体可以通过协议,联合建设共同图书馆 √ 第43.57款规定,县图书馆委员会可以建立图书馆为全县服务,并为此接管县内现存的图书馆覆盖范围所涉辖区内的图书馆,也可以专作为现有图书馆覆盖范围内的区域服务	非强制性 √ 第43.52款(关于市政府、村镇政府、部落政府、学区政府的规定)和第43.52款关于县政府建设图书馆的规定)都授权相关地建设主体在本县建设图书馆,从而使他们可以通过征税为居民提供图书馆服务	一个或多个地方政府的图书馆 √ 一个或多个地方政府任命的图书馆委员会 √	该法令中的地方政府(Municipality)指被授权建设图书馆的县政府、市政府、村镇政府、部落政府、学区政府;每个建设主体在多大的范围内征收图书馆税,就为多大范围的图书馆提供免费的图书馆服务(通过图书馆合作平台提供的服务除外) √ 县政府作为建设主体可以收归并合并现有的图书馆,其他政府建设的图书馆,形成覆盖全县的分馆;也可以建设局部的总分馆体系来涵盖那些无馆社区 √

194

续表

图书馆法	建设主体	建设主体的责任性质及监督	覆盖范围及主管部门	其他相关说明
澳大利亚新南威尔士图书馆法1939	地方政府（Local authority）和州政府作为联合建设主体 √ 第10款规定了地方政府建设主体 √ 第13款规定，州政府对在辖区内提供图书馆服务的地方政府给予补贴 √ 第12款规定，一个地方政府可以委托另一个地方政府为本地居民提供图书馆服务	非强制性 √ 第8款规定，地方政府可以采纳或不采纳本法令 √ 第5款规定，地方政府一旦采纳本法令，其提供的图书馆服务就应接受州图书馆委员会监督	√ 一个或多个地方政府辖区 √ 一个或多个地方政府任命的图书馆委员会	√ 这里的地方政府指地方自治法中确立的地方自治政府，负责图书馆建设的主要是州政府下的市政府（city councils）和郡政府（shire councils），他们通过总分馆体系覆盖整个辖区
丹麦图书馆法（丹麦文化部第340号法令，2000年）	地方政府（Municipal Council）是主要的建设主体 √ 第3款规定，每个地方政府（Municipal Council）都必须建立图书馆；它也可以与其他地方政府的公共图书馆、建立为所涉辖区服务的共同图书馆合作，中央政府为充当省级借阅中心的市图书馆、Southern Jutland 地区德语区图书馆以及图书馆发展项目提供补贴	强制性责任 √ 第3款有必须建立拥有成人部与儿童部的公共图书馆	√ 一个或多个地方政府辖区 √ 一个或多个地方政府任命的图书馆委员会	

续表

图书馆法	建设主体	建设主体的责任性质及监督	覆盖范围及主管部门	其他相关说明
日本图书馆法	√ 地方公共团体、日本红十字会或民法第34条的法人均可设置图书馆 √ 国家在预算范围内可以对设置图书馆设施、地方公共团体、补助一部分图书馆设施、设置所需经费及其他必要经费	非强制性 √ 第10条规定，关于公立图书馆的设置事项，必须由设置该图书馆的地方公共团体的条例规定	地方公共团体教育委员及其任命的图书馆协议会	
印度马德拉斯图书馆法1948	邦政府和地方政府（local authorities）作为公共图书馆的联合建设主体 √ 第9至第12款授权地方图书馆局通过征收图书馆税在当地建设和发展公共图书馆；其中第12款规定，图书馆税公共图书馆税附加于财产税或房屋税，每征收1卢比的财产税或房屋税，就附加6派土（paise）的图书馆税（1卢比等于100派土——本文作者注） √ 第13款第3条规定，邦政府给予地方图书馆（Madras市图书馆局除外）补贴，补贴额度不少于征收到的图书馆税	不清楚 √ 第5款规定马德拉斯市和每个地区图书馆应该成立图书馆局 √ 第12款规定，每个图书馆都应该征集图书馆税	√ 地方政府辖区 √ 地方政府的图书馆局	本法令所指地方政府指马德拉斯市政府和邦内的区政府（District authority）

由于每个图书馆(室)都对应着一个独立的建设主体,因而,每个图书馆背后都有一个独立的主管部门;每个图书馆都对其主管部门负责(accountable)。这使得图书馆与图书馆之间除了非常松散的业务合作关系,基本不存在任何组织联系(见图1)。这种由相互独立的图书馆构成的公共图书馆服务体系可以称为"各自为政"的体系。

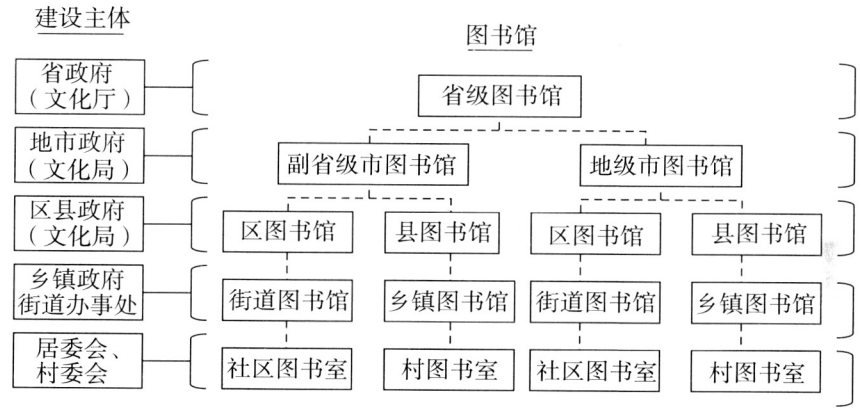

图1 各自为政的公共图书馆体系:一个建设主体负责一个图书馆

从公共服务的角度看,"各自为政"的服务体系具有显而易见的缺陷。首先,在这样的体系中,每级政府都要设立公共图书馆主管部门(至少要设置主管人员),每个图书馆都要设立五脏俱全的业务部门,同一地区的不同图书馆因彼此独立不得不重复采购大量雷同文献,这导致我国公共图书馆服务体系需要很高的运行成本。其次,由于县级以下的基层政府或基层组织建设公共图书馆的能力普遍薄弱,因此,县级以下的基层图书馆往往缺乏可持续发展能力。新中国成立以来,我国虽数次启动基层图书馆建设高潮,但很少有图书馆能维持到产生显著的社会效益;在周而复始的无效建设中,大量社会资源被浪费。再次,由于省、市、县政府设置的图书馆通常只服务于周遍的城市居民,基层政府建设图书馆的能力又十分薄弱,"各自为政"的公共图书馆服务体系根本无法保障普遍均等的公共图书馆服务。事实上,自建国以来,人口最众的广大农村基本上处在公共图书馆服务的覆盖范围之外。

进入新世纪以来,为了弥补上述体制缺陷,北京、长三角、珠三角等地区的公共图书馆界率先开展了不同形式的联合建设,如东莞、苏州等地的总分馆建设以及北京、上海、杭州、深圳等地的四级服务网络建设。近年来,随着国家着手建设覆盖全社会的公共文化服务体系,上述地区业已开展的总分馆建设、服务网络建设、向基层延伸等活动也被赋予了特殊的战略意义,并开始延伸到全国其他地区。

在这个过程中产生的总分馆大都期望在一组图书馆之间建立起具有一定的统一管理能力、服务相对规范、联系相对紧密、可持续发展能力相对强的图书馆共同体。该共同体可以借助总馆的力量维持分馆的可持续发展,借助分馆的触角延伸总馆的服务。之所以强调"一定的统一管理能力""相对规范""相对紧密"等限定词,是因为在我国现有的公共图书馆建设体制下,不同图书馆因隶属于不同建设主体和主管部门,很难建立起人财物全面统一管理的共同体。受体制制约,近年来出现的"图书馆共同体"大都通过协议(契约)确立彼此的关系,中心馆与基层馆在协议期内形成总分馆关系。现有的契约模式大致分为以下几种:①自下而上的全委托:即一个地区的较大图书馆(中心图书馆)接受基层政府委托,在协议期内临时控制基层政府拨付的图书馆购书经费和人员经费,在基层政府的辖区内建设基层图书馆,承担基层馆的所有业务和服务,与基层馆实行通借通还。②自下而上的半委托:即一个地区的较大图书馆(中心图书馆)接受基层政府委托,在协议期内临时控制基层政府拨付的图书馆购书经费,承担基层图书馆的部分业务(如文献采购加工及系统维护),指导基层馆开展服务,与基层馆开展通借通还。③自上而下委托:即一个地区的较大图书馆(中心图书馆)接受其主管政府委托,为辖区内的基层图书馆配备资源,提供业务指导,与基层馆实行通借通还。

契约关系虽然在一定程度上加强了中心馆与基层馆之间的联系,但由于它无法改变图书馆建设主体的安排,总馆和分馆依然各有其主(见图2)。建设主体的二元性使现有"总分馆"之间出现了两种不同的责任制(accountability)模式。第一种模式是在自下而上的半委托关系中产生的,其特征是:总馆与分馆分别向不同的主管机构负责(accountable),即分别向不同的主管机构报告其业务执行情况,接受不同主管机构的考核和问责。责任关系的分割不仅使总馆和分馆之间无法实行统一的人财物管理(甚至业务管理),而且可能导致契约关系终止。我国近年来形成的总分馆关系大都建立在三年契约的基础之上;契约续签时会遇到什么问题、有多少契约能顺利续签、续签的契约前景如何,目前还不得而知。

第二种责任制模式是在自下而上全委托关系中形成的。在这种关系中,由于总馆接受基层政府委托全权管理分馆事务,它在协议期内需要向基层政府报告分馆业务执行情况并接受基层政府考评。因此,这类总分馆的责任制问题不在于"总馆分馆分别向不同的建设主体负责",而在于总馆同时向两个不同的建设主体负责:为自身业务向主管部门负责,为分馆业务向基层政府负责。由于分馆建设并非主管部门下达的常规责任,它事实上构成了总馆的额外责任。这种"额外"性决定,第一,总馆不可能承担太多这样的责任,即不可能以这种方式建设很多分馆;第二,总馆可以选择放弃这一责任。因此,通过这种关系建立的总分馆体系一般规模很小,也没有保证长久运行的机制。

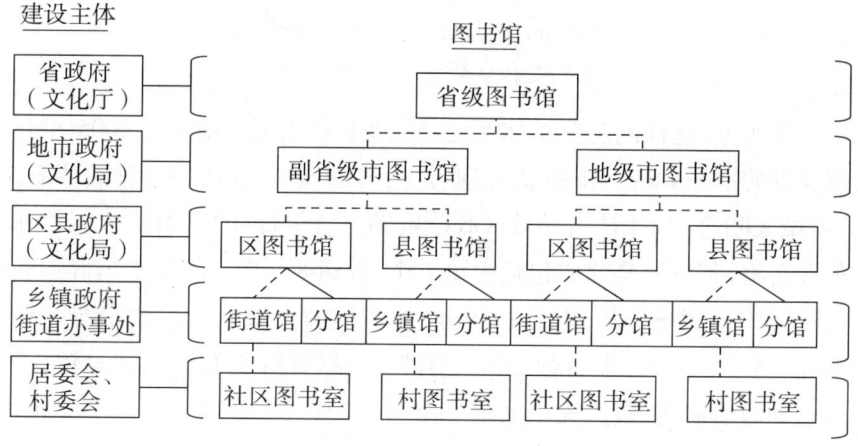

图2 以准总分馆为基础的公共图书馆服务体系
(注:虚线表示松散的业务联系,实线表示相对紧密的业务联系)

总之,在不改变建设主体的条件下,图书馆之间只能通过协议(契约)确立彼此的"总分馆"关系。这种契约关系由于无法一劳永逸地理顺总馆与分馆的责任关系(accountability),因而既无法保证总分馆关系的持久性,也难以保证其紧密性。正因为如此,中国图书馆学会的"图书馆服务网络构建研究"课题组将这种总分馆称为"准总分馆"[4]。

正是鉴于"准总分馆"的局限,"图书馆服务网络构建研究"课题组建议在改变公共图书馆建设主体安排的基础上,建立以"总馆建设主体与分馆建设主体统一(经费来源统一),总馆主管部门与分馆主管部门统一(管理统一),人财物管理统一、服务规范与水准统一(服务统一)"为特征的总分馆体系(图3)。

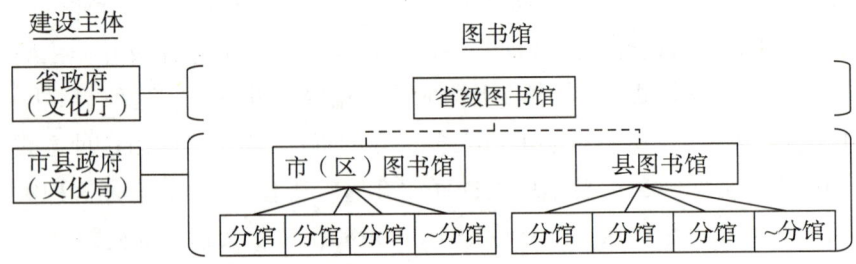

图3 以总分馆为基础的公共图书馆服务体系

(注:图中"～分馆"表示流动分馆)

事实上,这样的总分馆体系已经在我国部分地区存在。2005年开始建设的广东省佛山市禅城区"联合图书馆"就是这样的总分馆体系。"禅城区联合图书馆"由禅城区政府资助,由禅城区图书馆作为总馆并负责实施,其目标是建成包括主馆1个、分馆8—9个的图书馆群。联合图书馆采用统一管理、分层服务:体系内的人、财、物由总馆统一调配,图书统一采购,书目数据统一编制,文献资源所有权归属总馆,全区书刊通借通还,资源完全共享。至今,禅城区已形成了由一个总馆、四个分馆组成的总分馆体系[5]。

假定"图书馆服务网络构建研究"课题组的建议和"禅城区联合

图书馆"模式具有一定的合理性,图书馆立法过程将不得不思考现有体制与总分馆制下的建设主体之不同,以及重新界定建设主体可能引发的新立法问题(如土地征用等)。

4 各自为政的图书馆建设主体及其法定化

在各自为政的公共图书馆建设体制下,各级政府都是公共图书馆的独立建设主体,因此,我国20世纪90年代以来陆续出台的地方图书馆条例或管理办法都规定"各级人民政府分级设置图书馆",有些明确指定省、市、县(市、区)、乡镇(街道办事处)政府设置图书馆。有些条例虽然规定县级以上人民政府为公共图书馆的建设主体,但这些条例事实上确立的是县级及以上图书馆的"公共图书馆"性质,而不是县级以上政府通过总馆与分馆覆盖整个辖区的责任。

由于被指定为图书馆建设主体的"各级人民政府"都自然拥有这一角色带来的以下权力:从自己掌握的财政资源中支出公共图书馆经费、从人员编制中划拨图书馆编制、从土地资源中划拨图书馆馆舍用地、在下属机构中设立公共图书馆主管部门,因此,在确立这种体制合法性时,现有图书馆条例除了比较笼统地将各级政府确立为公共图书馆的建设主体,一般不再制定更详细的与建设主体有关的条款(如表2所示)。

对建设主体及其责任的笼统规定回避了一个复杂问题:如果每级政府都在本辖区设置图书馆,不同级别的图书馆如何划分覆盖范围?如何避免覆盖范围的重叠(从理论上说,有几级建设主体,就会出现几层重叠)?由于现有图书馆条例都对应着"一级政府建设一座图书馆"的体制和"每个图书馆只覆盖政府所在地人口"的传统,因而,直到普遍均等图书馆服务提上议事日程,上述问题从未遭受质疑。

表 2 我国地方性条例对图书馆建设主体的规定

省份	建设主体	主管部门
北京市图书馆条例	第三章第十六条规定,本市各级人民政府应当根据本地区人口分布情况和经济、社会发展的需要,按照统一规划、合理布局的原则,设置公共图书馆	第一章第四条规定,市文化行政主管部门主管全市图书馆工作,负责全市公共图书馆的统一管理,指导、协调其他各类图书馆工作;区、县文化行政主管部门按照管理权限负责本辖区公共图书馆的管理,指导、协调本区、县其他各类图书馆工作
上海市公共图书馆管理办法	第一章第五条规定,各级人民政府和图书馆事业的发展需要,对本地区内各级公共图书馆的设置实行统筹设置	第一章第四条规定,上海市文化局(以下简称市文化局)对全市公共图书馆实施统一管理。各区(县)文化行政管理部门按照管理权限,负责本辖区内公共图书馆的管理
深圳经济特区公共图书馆条例	第三章第十条规定,市、区、镇人民政府应当根据本行政辖区的人口分布情况、经济和文化事业的发展需要,公共图书馆按照行政区域分级设立	第二章第五条规定,市人民政府文化行政管理部门是公共图书馆事业的主管部门;第二章第五条规定,区人民政府文化行政管理部门按照管理权限,负责本行政区域内公共图书馆的建设、监督管理和管理
浙江省公共图书馆管理办法	第二章第八条规定,省、市、县(市、区)公共图书馆按照行政区域分级设置。省、市、县(市、区)应当设立公共图书馆,乡镇、街道应当在文化站内设立图书室,有条件的也可单设公共图书馆	第一章第五条规定,县级以上人民政府文化行政管理部门主管公共图书馆事业
湖北省公共图书馆条例	第五条规定,各级人民政府应当根据人口分布情况、社会经济和文化发展的需要,设立公共图书馆(室)	第四条规定,县级以上人民政府文化行政主管部门是公共图书馆事业的主管部门

续表

省份	建设主体	主管部门
内蒙古自治区公共图书馆管理条例	第一章第三条规定,旗县级以上人民政府应当根据本辖区人口分布、社会经济和文化发展的需要,设立公共图书馆	第一章第四条规定,旗县级以上人民政府文化行政管理部门是公共图书馆的主管部门
江苏省公共图书馆管理办法(草案)	第二章第七条规定,地方各级人民政府应当依据地区人口分布情况,社会经济和文化发展的需要,设立公共图书馆	第一章第四条规定,县级以上地方人民政府文化行政部门(以下简称文化行政部门)负责本行政区域内公共图书馆的管理、指导,协调本行政区域内其他各类图书馆工作
广西壮族自治区公共图书馆管理办法(修订稿)	第三章第十条规定,各级人民政府应根据本行政辖区的人口分布,和图书馆事业的发展需要,对辖区内各级公共图书馆的设置实行统筹规划	第一章第五条规定,广西壮族自治区文化行政管理部门是广西壮族自治区公共图书馆事业的主管部门
河南省公共图书馆管理办法	第一章第三条规定,县级以上人民政府有关部门按照各自职责,共同做好公共图书馆的建设和管理工作	第一章第三条规定,县级以上文化行政管理部门是本行政区域内公共图书馆事业的主管部门
广州市图书馆条例(草案)	第二章第十一条规定,公共图书馆的设备应当根据本地区人口分布情况、社会经济发展需要,由市、县级市人民政府按照设置标准,依行政区域设置市、区(县级市)、街道(乡镇)和社区(村)四级公共图书馆,街道(乡镇)和社区(村)公共图书馆可以和其他文化活动设施合建	第一章第五条规定,市文化行政部门主管广州市行政区域内全市的公共图书馆工作,对全市公共图书馆进行管理、指导,协调学校,科技和其他企事业单位图书馆工作 第二章第五条规定,区、县级市文化行政部门负责本辖区公共图书馆的管理、指导,协调本辖区其他图书馆工作

5 总分馆的建设主体及其法定化

由于总分馆建设在我国刚刚起步,其发展模式又受到现有图书馆建设体制(实质上是现有行政体制)的限制,因此,我国图书馆界目前对总分馆的含义及模式都还没有形成共识,但有一点是可以肯定的:我们假如要建设人财物统一管理的总分馆,就很难绕过建设主体调整这一关。

中国图书馆学会"图书馆服务网络构建研究"课题组建议,在综合考虑行政区划和城乡界限的基础上,将大城市(直辖市和部分公共图书馆较发达的副省级城市)的区政府界定为全区公共图书馆的建设主体,将中小城市的市政府界定为整个城区公共图书馆的建设主体,将县政府界定为全县公共图书馆的建设主体。将省政府界定为省级公共图书馆的建设主体,但在经济发展不均衡的省份(如广东、山东、江苏),可以参考澳大利亚部分州的做法,将省政府和县政府确定为该县公共图书馆的联合建设主体。

县政府作为农村地区公共图书馆的建设主体,要在其辖区的中心位置(县政府所在地)建设中心图书馆;按人口分布情况,在辖区的不同位置建设若干实体分馆;根据中心馆和实体分馆的覆盖情况,运行农村汽车图书馆。同样,大城市的区政府、中小城市的市政府作为城市地区公共图书馆的建设主体,要在其辖区的中心位置建设中心图书馆,按人口分布情况,在城市社区中建设若干实体分馆,根据中心馆和实体分馆的覆盖情况,运行城市汽车图书馆。

这些建议为图书馆法的制定过程提出了若干前所未遇的难题:在我国建设以"总馆建设主体与分馆建设主体统一"为基础的、人财物统一管理的总分馆的时机是否成熟?由此形成的公共图书馆服务体系是否的确比各自为政的图书馆服务体系优越?哪级政府适合承担公共图书馆的建设责任?由谁监督图书馆建设主体的作为?在欠发达地区,是否要指定两级政府作为公共图书馆的联合建设主体?

一旦上述问题进入图书馆立法的考虑范围,其他相关问题也将接踵而至:现有的图书馆主管部门如何进行调整以实现总分馆的统一管理?假定由建设主体指定本级政府部门统一管理总分馆事务,新的主管部门如何从基层政府手中征用分馆馆舍或征用土地以建造新的分馆馆舍?

6 结语

从20世纪80年代初至今,我国图书馆法已经酝酿了20余年,积淀之久足以令我们对图书馆法的很多问题形成思维定式。当环境和职业实践发生显著变化的时候,思维定式很可能成为创新立法思路的羁绊,导致我们制定过时的新法律。

从图书馆立法的角度看,总分馆建设或许是近年来职业实践方面出现的最值得关注的趋势。这首先是因为严格意义上的总分馆——人财物统一管理的总分馆——必然冲击现有公共图书馆的建设体制,导致公共图书馆建设主体上移,而确认公共图书馆的建设主体及其责任正是图书馆法的基本内容。其次,总分馆建设已经显示了它对降低公共图书馆服务成本、规范和维持基层图书馆发展、改善公众的信息获取条件等的价值;图书馆建设主体的上移也与建设公共服务型政府和覆盖全社会的公共文化服务体系的要求相适应。有鉴于此,尽管很多学者和图书馆管理者依然对总分馆的价值或可行性持怀疑态度,图书馆立法过程却已经无法忽视它的存在:立法过程的参与者有责任对总分馆建设做出价值判断,从而决定是否应该赋予它合法性。

然而,从本文的第3和第4节看,在建设主体问题上,图书馆立法恰恰已经形成了明显的思维定式:"一级政府建设一座图书馆"的体制已经存在了半个多世纪,与这一体制相适应的立法思路也已延续了20余年,赋予这种体制合法性的地方性条例已经存在了十余年。如果不将总分馆建设纳入图书馆立法视野,已有的思维定式极有可能使呼之欲出的图书馆法不自觉地延续各自为政的体制,而不考虑它在新形势下的合理性。

在过去的四分之一世纪中,图书馆法已经成为我国图书馆界的期盼甚至梦想,但我们经常忽略这样一个事实:图书馆法不具有推动图书馆事业发展的内在特性;它可能成为图书馆事业发展的保障,但也可能成为障碍,其作用力方向取决于它的内容。当我们在急剧变化的环境中固守着20余年的思维定式的时候,我们的确面临着巨大的南辕北辙的风险。

参考文献

1　李国新.1980年—2004年中国图书馆法治研究述评.江西图书馆学刊,2006,36(4):2-6

2　李国新.中国图书馆法治建设的成就与问题(上).图书馆建设,2004(1):1-9

3　中华人民共和国统计局.2007年国民经济和社会发展统计公报.http://www.stats.gov.cn/tjgb/ndtjgb/qgndtjgb/t20080228_402464933.htm

4,5　邱冠华,于良芝,许晓霞.覆盖全社会的公共图书馆服务体系:模式、技术支撑与方案.北京:北京图书馆出版社,2008

附录:本文引用的图书馆法规或条例出处

1　英国1964年公共图书馆与博物馆法.http://www.statutelaw.gov.uk/content.aspx?LegType=All+Primary&PageNumber=65&NavFrom=2&parentActiveTextDocId=1233338&ActiveTextDocId=1233340&filesize=90876

2　美国威斯康星州图书馆法.http://www.legis.state.wi.us/2005/data/acts/05Act420.pdf

3　澳大利亚新南威尔士图书馆法,1939.http://www.austlii.edu.au/au/legis/nsw/consol_act/la193999/

4　丹麦图书馆法.http://www.ifla.org/V/cdoc/danish.htm

5　李农译.日本《图书馆法》.江苏图书馆学报,2002(3):53-55

6　印度马德拉斯图书馆法,1948//Viswanathan,C.G. Public library organization:With special reference to India. New Delhi:Ess Publications,1990

7　北京市图书馆条例. http://www.clcn.net.cn/xietiao/xiehui/news/20040913/5.htm

8　上海市公共图书馆管理办法. http://www.shanghai.gov.cn/shanghai/node2314/node3124/node3164/node3167/useobject6ai593.html

9　深圳经济特区公共图书馆条例. http://www.govyi.com/zhengcefagui/difangfagui/guangdongshengfagui/shenzhenshifagui/200707/21320.shtml

10　浙江省公共图书馆管理办法. http://www.law-lib.com/LAW/law_view.asp?id=81816

11　湖北省公共图书馆条例. http://www.jobs.cn/newsInfo/2001-7-27/20017277155610_1.htm

12　内蒙古自治区公共图书馆管理条例. http://www.law-lib.com/law/law_view.asp?id=35951

13　江苏省公共图书馆管理办法(草案). http://xuehui.szlib.com/glff.doc

14　广西壮族自治区公共图书馆管理办法(修订稿). http://library.sysu.edu.cn/law/content.asp?type=1&id=56

15　河南省公共图书馆管理办法. http://www.law-lib.com/LAW/law_view.asp?id=42209

16　广州市图书馆条例(草案). http://www.stlib.gd.cn/xinwen/Uploadsoft/2007111152943177.doc

原载于《图书与情报工作》,2008年第7期

我国基层图书馆的专业化改造
——从全覆盖到可持续的战略转向

1 前言

在我国公共图书馆事业发展史上,"十一五"是和"建设覆盖全社会的公共文化服务体系"及"保障普遍均等的公共文化服务"等社会发展主题联系在一起的。2006年,《中华人民共和国国民经济和社会发展第十一个五年规划纲要》明确提出要"加大政府对文化事业的投入,逐步形成覆盖全社会的比较完备的公共文化服务体系"。随后的《国家"十一五"时期文化发展规划纲要》进一步提出要根据普遍均等原则,建设实用、便捷、高效的公共文化服务网络。随后,我国启动了若干旨在覆盖全民的文化基础设施建设项目,包括文化信息共享工程基层服务点、乡镇综合文化站、农家书屋。

从表面上看,这些项目与公共图书馆服务体系似乎并无关联;但从功能设计看,无论是文化信息共享工程基层服务点还是乡镇综合文化站,其核心功能均由典型的公共图书馆服务构成:文化信息共享工程基层服务点承担了公共图书馆的视听资料和数字化资源服务,乡镇综合文化站则承担包括图书借阅、信息陈列、讲座培训、视听资料服务等在内的多种图书馆业务。如果我们暂时撇开我国公共图书馆话语体系对公共图书馆的界定(长期以来,这个话语体系只把县级及以上图书馆界定为"公共图书馆"),转而按经费来源、服务功能、服务对象进行界定,那么,我们很难否认这些由中央和地方财政支持、面向当地所有居民提供图书馆服务的基层文化设施,已经构成了公共图书馆服务体系的组成部分。从这个意义上说,随着文化信息共享工程、乡镇综合文化站、农家书屋等项目完成全覆盖目标,我国已俨然建成了覆盖全民的公共图书馆服务体系。

"十二五"面临的巨大挑战就是如何让这个体系发挥效益并持久运行。如本文第三部分所显示的,新中国以来我国已经出现过数次基层图书馆建设高潮(在本文中,"基层图书馆"指县以下图书馆服务设施),但这些基层图书馆一般只维持很短的时间。从它们的发展轨迹判断,如果我们不能保证新建基层图书馆的健康运行,那么,"十一五"形成的全覆盖格局完全有可能在"十二五"期间走向解体。因此,如何保证"十一五"期间形成的公共图书馆服务体系产生效益并持续发展,是我国政府和图书馆职业亟须解答的问题,也是"十二五"规划必须直面的问题。

本文从图书馆职业的专业化属性出发,结合基层图书馆发展的历史教训及近年来一些地区的创新经验,呼吁将基层图书馆的专业化改造纳入"十二五"时期公共图书馆事业发展战略,使基层图书馆通过专业化改造,成为公共图书馆服务体系的有机组成部分。

2　图书馆职业的专业化:含义及正当性

按社会学的界定,一个行业要成为专业化职业(profession)需要满足若干条件。不同的社会学研究提出的条件不尽相同,其中一种观点认为,具有下列特征的行业才可以被称为专业化职业:有比较系统的专业知识体系;有比较正规的、大学水平的专业教育系统;有较为正规的行业协会;有比较明确、系统的职业道德规范。到19世纪末,图书馆职业已经具备这些条件。1876年,著名图书馆学家杜威在美国图书馆协会成立大会上宣布:"图书馆工作成为专业化职业的时代终于到来了,今天的图书馆员可以实实在在地把自己的工作称作专业化职业。"[1]

对社会公众而言,判断一个职业专业化属性的最直观尺度或许是其知识体系的专业性(不易被外界掌握的程度)。知识体系的专业性不仅决定从业人员的权威性,也决定专业教育的必要性和难度。杜威曾试图将图书馆职业的权威性建立在评判图书、选择图书、为读者开列图书并指导阅读的知识体系之上[2],但图书馆职业和图书馆学的发展史证明,这个职业的知识体系远比杜威最初设想的丰富。于良芝将这个体系划分为两大核心内容:服务于信息有效查询(retrievability 或 discoverability)的内容和服务于信息有效获取(accessibility)的内容;她同时指出,无论是关乎信息有效查询的内容还是关乎信息有效获取的内容,都需要不断创新,因为人类在这两个方面的追求都是无限的"最大化"[3]。而专业化图书馆职业活动的内容,就是运用这两部分知识提供的最新理论和技术,设计出能穷尽当时技术潜能和物质条件的工具、手段和服务,以保障最有效的信息查询和信息获取。因此,是"设计"过程,而不是其具体实施过程,体现着这个职业对其知识体系的依赖;也是这个"设计"过程,体现着这个职业活动的专业化程度。

图书馆职业的发展史表明,证明自己满足社会学界定的专业化职业条件相对容易,但让社会承认其知识体系和教育的"含金量",即承认图书馆专业人员在工作中的权威性却困难得多。这是因为,"图书馆职业"的名称首先很容易误导人们将图书馆职业活动锁定在"图书馆"之内,而忽略在这一机构之外开展的职业活动(如数据库开发机构中的知识与信息组织活动);同时,由于图书馆展现给人们的,往往不是其活动的设计过程而是其实施过程,这又进一步误导人们将技术含量相对低的图书馆活动当成图书馆职业活动。公众眼中的图书馆职业活动权威性就在这层层误解中被打了折扣。在国外,这种误解虽然很少严重到彻底否定图书馆职业的专业化地位,但依然导致图书馆职业薪酬低于传统的专业化职业(医生、律师等)。在我国,它却经常导致对图书馆职业专业化地位的公然的彻底否定。"十一五"之前,基层图书馆建设很少被纳入专业化运作的轨道,或许就与这种误解和否定相关——那些草率搭建基层图书馆的人们一定以为任何人都可以运行图书馆服务。

基层图书馆的专业化改造并不意味着由专业馆员承担其全部业务,而是指由专业力量控制其战略规划、管理决策、服务设计,实施其复杂业务(如文献选择、加工、用户培训、参考咨询等),指导非专业馆员实施相对简单的业务。在实施总分馆制的地区,基层图书馆的专业化业务一般由总馆负责,基层图书馆只充当专业化管理决策及服务设计的执行场所。

3 我国基层图书馆的非专业化:存在与话语

1949年以来,我国先后出现过不同名目的基层图书馆建设。1949年冬,新华书店就已经开始在东北农村建立图书室,推广读书活动;1950年第一届全国出版会议通过的《关于改进和发展书刊发行工作的决议》还规定,图书出版发行部门要协助工厂、矿山、农村等建立图书馆、阅览室[4]。1950年,文化部在其《关于1950年全国文化艺术工作会议报告与1951年计划要点》中指出,有条件的村镇设立图书室,发展农村图书网。根据单敬兰等的研究,这些图书室大部分未能巩固下来[5]。1956年的《一九五六年到一九六七年全国农业发展纲要》再次规定,从1956年起,按照各地情况,分7年或12年内普及包括农村图书室在内的农村文化网[6],到1956年年底全国农村图书室达到了182 960个;1958年,全国农村图书室的数量就已经达到了47万个[7]。但很多资料都显示,这些图书馆在60年代初的困难时期大都停办[8]。根据单敬兰等的历史回顾,我国在1963年为了配合"四清运动",又掀起过农村图书馆建设的新高潮;20世纪70年代初,在《红旗》杂志等舆论推动下,再次出现了声势颇为浩大的农村图书馆建设[9]。改革开放后,特别是80—90年代,各地又陆续出现了乡镇图书馆和村图书室建设。如贵州省遵义县自1981年开始建设乡镇图书馆,至1984年,全县18个乡镇已经建立了17个图书馆[10]。江苏省伴随着乡镇企业的兴起也开始了新一轮乡镇图书馆建设。至1993年9月底苏南地区的3市415个乡镇全都建立了具有一定规模的图书馆[11]。浙江省依托"东海明珠"文化建设项目,启动乡镇图书馆建设。到20世纪90年代后期达到了顶峰,仅嘉兴地区就有达标万册乡镇馆35家(占乡镇总数的56%)[12]。广西打出知识工程的旗帜,大力发展乡镇图书馆,至1996年年底,全区已有116家乡镇图书馆建成开馆[13]。类似的乡镇图书馆建设在全国其他地区也大规模出现。1997年,中央九个部委联合发文,在全国推广和组织实施知识工程,重点之一也是建设乡镇图书馆。2000年,中国青少年发展基金还在全国部分农村推出了乡村电子信息馆项目,主要为农民提供光盘等多媒体资料。总之,自新中国成立以来,乡镇、街道、村庄、社区层面的基层图书馆建设似乎从未停止过,在不少地区,基层图书馆的建设规模都曾接近过全覆盖的水平。

  由于这类图书馆的发展极不稳定,生存时间普遍很短,因而不存在有关这类图书馆的系统的统计资料或记载。尽管如此,我们依然可以肯定,曾经出现的绝大多数基层图书馆,没有被赋予专业化品质。大多数此类图书馆是项目或运动的产物,由兼职人员维护;也有一些图书馆是社会力量办馆的产物,由志愿者维护;还有一些由其他社会机构(如新华书店)建设,并由这些机构提供业务指导,例如,1951年,苏北人民公署文教处与新华书店苏北分店联合发文,规定:各图书室应受各县市文教科领导,业务上由各县市新华书店进行帮助和指导,各图书室所在地的大众俱乐部、农民学校、中小学应随时予以协助,共同做好农村图书室工作[14]。虽然曾经有一些图书馆(室)是较高级别图书馆建设的分馆或流通点,但这类图书馆的数量较少,而且由于总馆本身专业化水平有限(在农村,总馆通常是当地的县馆),作为特定图书馆的分馆并不能保证基层图书馆获得足够的专业化品质。

与基层图书馆的非专业化状况相对应的,是我国公共图书馆的独特话语体系。该话语体系一般用"公共图书馆"指代县级及以上图书馆,因而倾向于把乡镇及以下的基层图书馆排除在"公共图书馆"之外。如前所述,自1949年至"十五"结束,我国先后以不同名目多次启动基层图书馆建设——农村图书网、农村图书馆或图书室、人民公社图书馆、乡镇图书馆、乡村电子信息馆、农家书屋,却从未确认这些图书馆的公共图书馆属性。相反,在很多时候,它们被置于和"公共图书馆"相对的位置。从1955年的《关于加强与改进公共图书馆工作的指示》到随后的几次图书馆工作会议,都强调各级公共图书馆应当加强对基层图书馆(室)的辅导工作[15]。有些地方的公共图书馆条例还明确规定,县级以上政府设置公共图书馆。"十一五"时期很多地方政府出台的文化发展战略,依然强调"县有两馆"(公共图书馆与文化馆),意谓县以下不设公共图书馆。这样的话语体系事实上将乡镇以下的基层图书馆建构成了"公共图书馆"之外的另外一种文化设施。

　　像所有话语体系一样,上述话语必然会对人的意识进行建构。它首先建构了人们关于基层图书馆设施性质的认识,使包括政府部门和图书馆专业团体在内的利益相关者相信,在乡镇和村庄层面运行的图书馆服务设施并不是公共图书馆。这样的意识一旦成为共识,就几乎必然对基层图书馆的发展产生两个至关重要的后果。一是在制定当地的公共图书馆发展规划或公共文化发展规划时,将基层图书馆设施排除在公共图书馆发展规划之外,二是赋予基层图书馆的非专业化运作某种正当性。这个正当性的逻辑在于,既然基层图书馆设施不是公共图书馆,它就未必是政府的责任,未必履行公共图书馆的使命并具备公共图书馆的功能,因此未必按公共图书馆使命和功能的实现规律设计其具体服务;它也未必参与公共图书馆的职业活动与交流平台(如图书馆学会或协会),未必要求其工作人员熟悉公共图书馆的历史、理念、理论、技术等。简言之,中国公共图书馆的话语体系建构了按非专业化方式运行基层图书馆的正当性。

4 "十一五"之前我国基层图书馆的昙花宿命及其与非专业化的关联

"十一五"之前,我国周而复始的基层图书馆建设高潮本身就表明,基层图书馆设施始终没有摆脱昙花一现的命运。关于以往基层图书馆的非可持续性,已经有过很多评论,但对于一个典型基层图书馆的生存周期,却很少有过科学的测算。这篇文章也没有足够的证据做出测算,但从一些零星获得的材料判断,基层图书馆(室)从开放到消失的时间大约在3—7年,其中乡镇图书馆比村级图书馆(室)的周期略长一些。例如,湖北省某县1982年开始建设农村图书馆,到1987年有农村万册图书馆1个,千册以上图书室33个,1987年下半年开始出现萎缩,1989年,千册以上图书室只剩13个[16]。浙江省依托"东海明珠"工程建设的基层图书馆起步于20世纪90年代中期,到2004年年底,嘉兴地区已达标的省级东海明珠万册乡镇图书馆中还能正常开展借阅服务的不足4家[17]。另据《中国文化报》1989年5月31日的一封读者来信反映,浙江省金华县在1985年建设了900个村图书室,四年之后都陆续关门夭折[18]。

至于基层图书馆在其生存周期中的变化过程,由于缺乏统计资料和史料,本文也难以进行精确的勾勒,但一个比较可以接受的推论是:由于缺乏后续资源和专业化运行,这些图书馆的效益指标(如年度外借册次和访问人次)在运行不久就开始下降,直到最后无人问津,如图1所示。

缺少后续的资源保障无疑是我国基层图书馆过早夭折的根本原因,但专业化的缺失几乎肯定也是关键因素。专业力量在基层图书馆规划阶段的阙如,使基层图书馆的设置经常无视图书馆专业特点和规律,追求短时间内的设置率,导致很多基层图书馆在设置之初就已注定无法持续。专业力量在运行阶段的缺失,首先意味着基层图书馆无法充分利用图书馆学的理论、技术及其他职业经验,从现有资源中获得最大效益,以激励政府的进一步投入;其次意味着它们无法根据公共图书馆的使命和功能,明确自己的未来发展方向和实现途径,因而很难向政府建议基层图书馆的长效发展机制;此外还意味着它缺乏专业力量与政府和社会力量保持沟通,无法为基层图书馆的发展争取社会援助。因此,专业化虽然不是基层图书馆可持续发展的充分条件,但有理由相信,它是一个十分重要的必要条件。

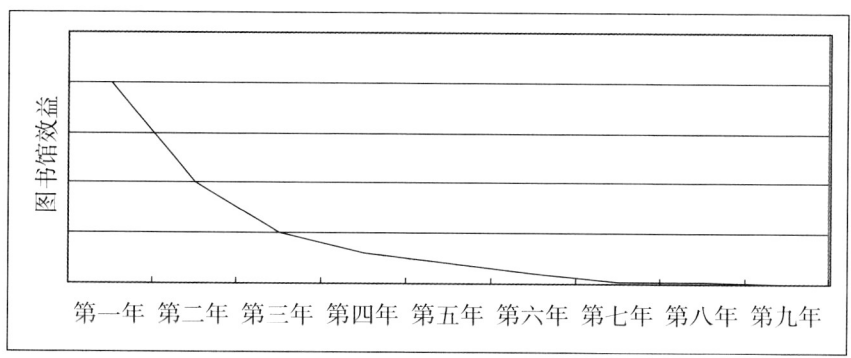

图1 根据历次基层图书馆发展状况猜测的图书馆效益变化趋势

5 "十一五"时期基层图书馆的两极分化:专业化改造的开始

"十一五"时期是我国明确提出"建设覆盖全社会的公共文化服务体系,保证普遍均等公共文化服务"的战略目标的时期。这个目标以极快的速度(有人会说以太快的速度)在中华大地上催生了数十万计的基层图书馆(室)(仅农家书屋一项工程就计划在2010年年底前建成20万个农村图书室)。截至"十一五"末,随着文化信息共享工程、乡镇综合文化站、农家书屋完成其全覆盖任务,我国公共文化(包括公共图书馆)服务已俨然覆盖全社会。

这段时间出现的基层图书馆设施在规划模式、设置模式和运作模式上均存在巨大差异[19]。相当一部分地区在规划基层图书馆时没有把它作为一个专业化服务加以规划。原本属于专业化公共图书馆的功能(图书借阅功能、信息陈列功能、信息服务功能、视听资料播放功能、信息素养培训功能、文化知识培训功能、文化展览功能)在这个层次上被肢解,并被分配给文化信息共享工程基层服务点、农村综合信息服务站、党员干部远程培训点、图书室等众多基层服务设施,其中留给图书室的似乎只有图书借阅功能。因此,在这些地区,无论是规划、设置还是运行,基层图书馆(室)都没有采纳"公共图书馆"的模式,而是延续了以往基层图书馆(室)的非专业化道路。至于它们能否逃脱以往基层图书馆的昙花宿命,熟悉基层图书馆发展历史的人,恐怕没有乐观的理由。

与此同时,在一些经济较发达地区,政府和图书馆职业已经开始按专业化图书馆服务来规划、设置和运行基层图书馆(如广东省佛山市禅城区、浙江省嘉兴市);在另一些地区(如苏州市),虽然政府尚未将基层图书馆纳入专业化公共图书馆服务体系加以规划,但当地的图书馆职业已经开始通过协议或其他方式自发地把基层图书馆纳入了专业化运行的轨道,试图在其设置和运行阶段最大限度地保证其专业化。可以说,在这两类地区,基层图书馆的专业化改造已经开始。

在2008年启动的公共图书馆立法支撑研究的"公共图书馆设置与体系研究"部分,李超平已经对这类基层图书馆的效益趋势进行了考察,她发现至少在过去几年,这些图书馆还没有显示出效益下降的趋势[20]。图2显示了苏州图书馆几个较早分馆的主要效益指标变化情况。如前所述,截至"十一五"结束,苏州市政府并没有把基层图书馆纳入全市的公共图书馆服务体系加以规划,但苏州图书馆通过与基层政府签署全权托管协议的方式,承担了基层图书馆设置和运行的全部责任,在发展方向、服务设计、复杂服务提供等方面,实施了对他们的专业化改造。苏州图书馆最早接管的基层图书馆共有五所,均开始于2006年。截至2010年,这些图书馆已经积累了四年的效益数据。图2显示的是这些图书馆的年借阅量和到馆人次数据。对比图1的变化趋势,这些图书馆的效益趋势所蕴涵的意义不言而喻:它们正在扭转我国基层图书馆昙花一现的生命周期。

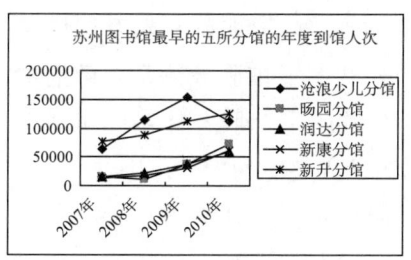 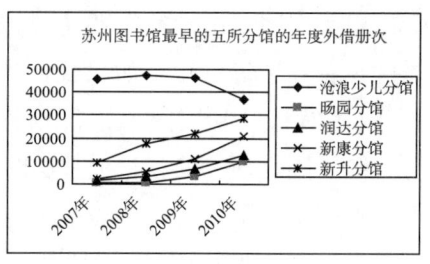

图2 苏州图书馆五所最早的基层分馆的效益变化趋势

注：其中旸园分馆因搬迁之故2010年只运行了7个月，年度数据按前7个月的月平均数乘以12估算。

数据来源：苏州图书馆友情提供。

6 走向全面专业化："十二五"的战略转向及实施策略

与历次基层图书馆发展高潮一样，"十一五"期间我们在短时间内实现了图书馆设施的全覆盖。如果这意味着"十一五"提出的全覆盖目标的实现，那么"十二五"显然面临着战略目标的转向。根据我们前面的分析，"十二五"将是这些草成的图书馆设施生死存亡的关键时期。如果我们要避免让它们重蹈其前辈的覆辙，如果我们不满足于让巨大的公共投入仅仅换来昙花一现的辉煌，那么，我国各级政府和图书馆职业在"十二五"期间面临的更为艰巨的任务，就是保证它们继续产生效益。在这样的背景下，对已经建成的基层图书馆进行专业化改造，无疑是明智的选择。

对基层图书馆进行专业化改造首先要求我们在话语体系和实际规划中将它们作为专业化公共图书馆服务体系的组成部分，即确立基层图书馆的"公共图书馆"定位，把它们纳入当地公共图书馆服务体系发展规划，然后把包括基层图书馆在内的整个公共图书馆服务体系发展规划纳入公共文化服务体系发展规划。

对基层图书馆进行专业化改造其次要求政府明确它对基层图书馆的设置和运行责任。如果我们认同公共图书馆服务体系是政府的责任,同时认同基层图书馆是专业化公共图书馆服务体系的组成部分,那么,随之而来的就是把基层图书馆纳入政府的责任范围。

对基层图书馆进行专业化改造同时要求由专业人员根据公共图书馆的理念、理论和技术规划其发展方向,设计其服务内容和提供方式,实施其复杂业务(如文献选购加工、信息咨询、讲座培训、宣传推介等),指导实施相对简单的业务(如外借阅览)。不难理解,基层图书馆的专业化改造一旦进入这个层次,最经济高效的改造路径就是使之切实成为较大图书馆的分馆——"切实"意谓人财物统一管理,而这必然要求我们改变现有的各自为政的公共图书馆建设和管理体制。

对基层图书馆的专业化改造还要求赋予基层图书馆完整的公共图书馆使命和功能,包括传统图书借阅、多媒体及数字化资源的提供、信息陈列和提供、培训等,这意味着把被非专业化思维肢解的图书馆功能再整合起来。目前,苏州等地区已开始这种整合,为基层图书馆在这个方面的专业化改造积累了经验[21]。

自19世纪末以来,世界范围的公共图书馆服务一直建立在由职业思想(职业理念)、理论和技术构成的专业知识体系之上;其中职业理念引导着图书馆职业对服务的选择(做什么),理论支撑着服务的设计(如何做),技术支撑着服务的实施。因此公共图书馆服务在过去一个多世纪中始终是现代社会专业化服务的组成部分,其标志就是职业准入制度的实施。在我国的图书馆设施覆盖全民之后,对整个公共图书馆服务体系(特别是基层图书馆服务)进行专业化改造,不过是让我国的公共图书馆服务体系逐步接近"公共图书馆"这一社会机构和服务的本原。它有望为"十一五"期间匆忙诞生的前途未卜的基层图书馆注入持久发展的活力。

参考文献

1 Harris Roma M,Librarianship:the erosion of a woman's profession,Norwood,N.J.:

Ablex Pub. Corp,1992

2　Harris MH Hannah SA, Harris PC. Into the future: The foundations of library and information services in the post-industrial era. 1st ed. Greenwich, Conn. : Ablex Publishing,1998

3　于良芝. 图书馆与情报学(LIS)的使命与视域. 图书情报工作,2009(9):5-9

4　李晓新. 普遍均等:中国公共图书馆的百年追求. 天津:南开大学出版社,2007:127

5,8,9　单敬兰,赵建华,赵保华. 我国农村图书馆事业的兴起和前景. 中国图书馆学报,1991(2):82-85

6　沈红梅,吴荇. 长三角地区农村图书馆建设的历史经验及发展启示. 图书馆建设,2008(9):16-19

7,14,15　朱燕平. 中国农村图书室建设第一个高潮的形成及其影响. 江苏图书馆学报,1999(6):60-63

10　熊树华,冉隆静. 西部地区乡镇图书馆可持续发展途径探索——贵州省遵义县乡镇图书馆近30年发展历程的启示. 国家图书馆学刊,2009(4):66-69

11　王邗华. 从苏南乡镇图书馆的崛起看中国农村图书馆事业的发展道路. 中国图书馆学报,1994(4):36-41,65

12,17　沈红梅. 嘉兴地区农村图书馆建设的历史教训及思考. 图书馆杂志,2008(9):34-35

13　徐英明. 实施"知识工程",推动农村图书馆事业发展. 中国图书馆学报,1998(2):91-94

16　李辉. 试析农村图书馆(室)建设的起落. 图书馆,1990(3):48-52

18　王才. 农村图书室夭折探源. 河南图书馆学刊,1990(1):14-15

19　于良芝,邱冠华. 构建全社会的公共图书馆服务体系//公共图书馆研究院. 中国公共图书馆发展蓝皮书(2010). 深圳:海天出版社,2010:35-73

20　李超平. 从全覆盖和可持续发展角度看总分馆制及其建设主体的选择//于良芝,邱冠华,李超平等. 公共图书馆设置与建设主体研究——全覆盖目标下的选择. 北京:国家图书馆出版社(出版中).

21　邱冠华. 四位一体 构建农村公共信息服务体系的建议. 图书与情报,2010(5):93-96

原载于《图书馆建设》,2011年第10期

主要论著目录

主要著作

1. 于良芝. 图书馆学导论. 北京:科学出版社,2003
2. 于良芝,李晓新,王德恒. 拓展社会的公共信息空间:21世纪中国公共图书馆可持续发展模式,北京:科学出版社,2004
3. 邱冠华,于良芝,许晓霞. 覆盖全社会的公共图书馆服务体系:模式、技术支撑与方案. 北京:北京图书馆出版社,2008
4. 于良芝,邱冠华,李超平等. 公共图书馆建设主体研究:全覆盖目标下的选择. 北京:国家图书馆出版社,2011

主要论文和图书章节

1. Yu Liangzhi, O'Brien Ann. Current research in the domain of fiction librarianship//Irene Godden(ed.) Advances in Librarianship San Diego:Academic Press,1996
2. Yu Liangzhi, O'Brien Ann. Constructing references from the book to the reader in fiction searching, an experiment on the construction of information cues from the reading context approach. Information Use and Services, 1997,17(2/3)
3. Yu Liangzhi, O'Brien Ann. Towards a practical typology of adult fiction borrrowers. Journal of Information Science, 1999,25(1)
4. Yu Liangzhi, Dempsey Lorcan, Ormes Sarah. Community networking and

public libraries. Journal of Librarianship and Information Science, 1999,31(2)

5. Yu Liangzhi, Apps Ann. Studying e-journal user behaviour using log files: The experience of SuperJournal. Library and Information Science Research: An International Journal,2000,22(3)

6. Eason Ken, Yu Liangzhi, Harker Susan. The use and usefulness of functions in electronic journals: The case study of SuperJournal. Program, 2000,34(1)

7. McKnight Cliff, Yu Liangzhi, Phillips Kathy, et al. Librarians in the delivery of electronic journals: Roles revisited. Journal of Librarianship and Information Science. Journal of Librarianship and Information Science,2000,32(3)

8. Eason Ken, Pomfrett Sue, Yu Liangzhi. Patterns of use of electronic journals: Academic users. Journal of Documentation,2000,56(5)

9. Liangzhi Yu. Key stakeholder support and public library development in China. Proceedings of the 12th Congress of Southeast Asian Librarians, 19 – 23 October 2003, Brunei Darussalam

10. Yu Liangzhi, Xu Jianye. The political economy of public library development in post – 1978 People's Republic of China. Libri,2006,56(2)

11. Yu Liangzhi. Understanding Information Inequality: Making sense of the literature on information and digital divide. Journal of Librarianship and Information Science,2006,38(4)

12. Yu Liangzhi et al. An Epistemological Critique of Gap Theory Based Library Assessment: The Case of SERVQUAL. Journal of Documentation,2008,64(4)

13. Yao Zhang, Liangzhi Yu. Information for social and economic participation: A review of related research on the information needs and acquisition of rural Chinese. The International Information & Library Review,2009,41(2)

14. Yu Liangzhi et al. Towards equal and universal access to public library services in China：Consolidation of local public library systems in the context of cultural services for all. Journal of Library Science in China，2009(1)

15. Yu Liangzhi. How poor informationally are the information poor? Evidence from an empirical study of daily and regular information practices of individuals. Journal of Documentation，2010,66(6)

16. Yu Liangzhi. The information worlds of chinese farmers and their implications for agricultural information services：A fresh look at ways to deliver effective services. A paper to be presented at the 76th IFLA Conference，10th - 16th August，2010，Gothenburg，Sweden

17. Clarke C，Yu Liangzhi，Yu chuanzheng，et al. How far can we go in ensuring equality of access to public library services? Services? The Re-Visitation of a Core Professional Value in the Context of Regional and Urban-Rural Inequalities in China. Libri，2011,61(1)

18. 于良芝. 英国电子图书馆项目评介. 津图学刊，2001(1)

19. 于良芝，郝玉峰. 大学图书馆教育功能的创新：英美经验的分析津图学刊，2002(1)

20. 于良芝，郝玉峰，陆行素. 从信息政治经济学视角看公共图书馆发展的社会环境. 中国图书馆学报，2002(8)

21. 于良芝. 21世纪中国经济学类专业教育改革与发展战略·第一篇//周力群，黄卫平主编. 21世纪中国经济学类专业教育改革与发展战略. 北京：高等教育出版社，2002

22. 于良芝，陆行素，王德恒. 国外公共图书馆可持续发展的现状分析. 情报资料工作，2003(5)

23. 于良芝，李晓新，朱凡. 国外公共图书馆可持续发展的策略分析. 情报资料工作，2003(6)

24. 崇敬，于良芝. 津图学刊文献计量学研究(1983 - 2002). 津图学刊，2003(6)

25. 于良芝.政治与职业理性中的"中国先进文化":关于"三个代表"与图书馆文化使命的思考.图书馆杂志,2004(9)

26. 于良芝,谷松,赵峥.SERVQUAL与图书馆服务质量评估:十年研究述评.大学图书馆学报,2005(1)

27. 于良芝.未完成的现代性:谈信息时代的图书馆职业精神.图书馆杂志,2005(4)

28. 于良芝.世界学术期刊变迁中的知识交流权分析.情报资料工作,2005(2)

29. 于良芝,王雅尊,洪秋兰.SERVQUAL与我国高校图书馆服务质量评价——关于SERVQUAL适用性的定量研究.图书情报工作,2005(6)

30. 于良芝.精神、制度、组织——就中国图书馆职业的现代性构建答蒋永福先生.图书馆建设,2005(7)

31. 于良芝.理解信息资源的贫富分化:国外"信息分化"与"数字鸿沟"研究综述 图书馆杂志,2005(12)

32. 于良芝.国外图书馆古籍保管与利用制度研究.大学图书馆学报,2005(6)

33. 于良芝,洪秋兰,谷松.SERVQUAL质量评估工具效用性再认识——基于认识论视角的定性考察.上海高校图书情报工作学刊,2005(4)

34. 于良芝.图书馆学教育呼唤战略思维.图书与情报,2006(4)

35. 于良芝.探索公共图书馆的使命:英美经验回顾.图书馆,2006(5)

36. 于良芝.公共图书馆存在的理由:来自图书馆使命的注解.图书与情报,2007(1)

37. 于良芝,张瑶.农村信息需求及服务研究综述.图书馆建设,2007(4)

38. 于良芝.为了普遍均等的公共图书馆服务.国家图书馆学刊,2007(4)

39. 于良芝.建立覆盖全社会的公共图书馆服务体系.图书与情报,

2007(5)

40. 于良芝等.建立面向新农民的农村信息服务体系:天津农村信息服务现状及对策研究.中国图书馆学报,2007(6)

41. 于良芝,王俊平.农村信息服务效果及影响因素:信息服务组织视角//刘兹恒编著.构建面向图书馆职业的基础理论.北京:北京图书馆出版社,2007

42. 于良芝.科学发展观语境下的文化、公共文化及公共图书馆.图书馆建设,2007(6)

43. 于良芝,俞传正,樊振佳等.农村信息服务效果及其制约因素研究:农民视角.图书馆杂志,2007(9)

44. 于良芝等.公共图书馆的使命与服务:基于内容分析法的国内外比较研究.图书馆论坛,2007(6)

45. 于良芝.关于加强公共图书馆的大中信息服务功能的建议案.图书与情报,2007(6)

46. 于良芝.公共图书馆服务体系研究.中国图书馆学报,2008(2)

47. 于良芝.战略规划作为公共图书馆管理的工具:应用、价值及其与我国公共图书馆的相关性.图书馆建设,2008(4)

48. 于良芝,邱冠华,许晓霞.走进普遍均等服务时代:近年来我国公共图书馆服务体系构建研究.中国图书馆学报,2008(3)

49. 李国新,于良芝,徐珊.公共图书馆与政府信息公开.中国图书馆学报,2008(3)

50. 于良芝,陆秀萍,刘亚.公共图书馆总分馆建设的法律保障:建设主体及相关问题.图书馆与情报工作,2008(7)

51. 于良芝.我国公共图书馆服务体系建设.山东图书馆季刊,2008(3)

52. 俞传正,于良芝.关注职业价值 探索职业定位.中国图书馆学报,2009(3)

53. 于良芝,陆秀萍.SWOT与图书馆的科学规划:应用反思.国家图书馆学刊,2009(2)

54. 于良芝.图书馆与情报学的使命与视域.图书情报工作,2009(9)

55. 于良芝.公共图书馆服务的意义建构与认识盲点——对公共图书馆评估总结材料的话语分析.中国图书馆学报,2009(4)

56. 于良芝,邱冠华,刘亚.我国总分馆体系建设状况调查.中国图书馆年鉴2008,北京:国家图书馆出版社,2009

57. 于良芝,刘亚.结构与主体性:信息不平等研究的理论分野及整体性研究的必要.中国图书馆学报,2010(1)

58. 于良芝,邱冠华.构建覆盖全社会的公共图书馆服务体系.中国公共图书馆发展蓝皮书.深圳:海天出版社,2010

59. 于良芝.整体性社会理论及其对信息不平等研究的适用性——以布迪厄的社会理论为例.上海高校图书情报学刊,2011(1)